TRILOGIA DE ALICE

Tom Murphy

TRILOGIA DE ALICE

Organização e introdução
Beatriz Kopschitz Bastos

Tradução
Domingos Nunez

ILUMI/URAS

Título original
Alice Trilogy

Copyright © 2019
Tom Murphy

Copyright © desta edição e tradução
Editora Iluminuras Ltda.

Capa e projeto gráfico
Eder Cardoso / Iluminuras

Imagem de capa
Samuel Leon. Many Gardens (detalhe), acrílica sobre tela, 30x30cm

Revisão
Jane Pessoa
Ketlyn Mara Rosa

Direitos de qualquer natureza de Trilogia de Alice, de Tom Murphy, estão reservados ao autor. Nenhum uso desta peça, de qualquer natureza, em qualquer mídia, pode ser feito sem autorização prévia por escrito. Pedidos devem ser dirigidos a Alexandra Cann Representation, pelo email: <alexandracann@.co.uk>.

CIP-BRASIL. CATALOGAÇÃO NA PUBLICAÇÃO
SINDICATO NACIONAL DOS EDITORES DE LIVROS, RJ
M96t

    Murphy, Tom, 1935-2018
       Trilogia de Alice / Tom Murphy ; organização e introdução Beatriz Kopschitz Bastos ; tradução Domingos Nunez. - 1. ed. - São Paulo : Iluminuras, 2019.
       132 p. ; 21 cm.

    Tradução de: Alice Trilogy
    ISBN 978-85-7321-620-2

     1. Teatro irlandês (Literatura). I. Bastos, Beatriz Kopschitz. II. Nunez, Domingos. III. Título.

19-61360   CDD: 828.99152
                 CDU: 82-2(415)

2019
Editora Iluminuras Ltda.
Rua Inácio Pereira da Rocha, 389
05432-011 - São Paulo - SP - Brasil
Tel./ Fax: 55 11 3031-6161
iluminuras@iluminuras.com.br
www.iluminuras.com.br

SUMÁRIO

Introdução
Beatriz Kopschitz Bastos, 9

TRILOGIA DE ALICE

Dentro do apiário, 21
Próximo ao muro do gasômetro, 59
No aeroporto, 97

Cronologia da obra de Tom Murphy, 125

Sobre a organizadora, 127

Sobre o tradutor, 129

INTRODUÇÃO
Beatriz Kopschitz Bastos

A coleção Tom Murphy, publicada em quatro volumes, é composta por *Um assovio no escuro* (1961); *O concerto de Gigli* (1983); *Bailegangaire* (1985); e *Trilogia de Alice* (2005) — em tradução de Domingos Nunez. O conjunto de peças traz ao leitor brasileiro a obra de Tom Murphy pela primeira vez em língua portuguesa — um projeto de publicação contemplado com apoio financeiro de Literature Ireland, uma organização na Irlanda para promoção da literatura irlandesa em âmbito internacional.

Tom Murphy é considerado um dos mais importantes dramaturgos irlandeses de todos os tempos, com uma obra formidável de mais de trinta peças originais e adaptações. Murphy nasceu em Tuam, no condado de Galway, no oeste da Irlanda, em 1935, sendo o caçula de dez irmãos. Murphy e todos os seus irmãos emigraram, temporária ou definitivamente. Os dados da vida do dramaturgo, embora talvez conhecidos do público irlandês, são significativos, pois revelam o que constitui parte do material primário de sua obra: o oeste da Irlanda e a emigração, e as complexas relações entre essas duas realidades — a Irlanda e a diáspora irlandesa. Conforme afirmou Alexandra Poulain, a obra do dramaturgo é uma "história de viagem, odisseia insólita de heróis, da margem para a impermanência. História de retorno, [...] de desvio, de retorno sem permanência: errância" (2008, p. 7).

Em *The Theatre of Tom Murphy: Playwright Adventurer*, livro publicado em 2017, um ano antes do falecimento do dramaturgo, Nicholas Grene justifica a escolha do subtítulo apontando para o fato de que o próprio Murphy fazia distinção entre dois métodos de escrita dramatúrgica: um de "fórmula"; outro de "aventura" (2017, p. xiii). O método de Murphy era, com certeza, o segundo. Sua imaginação teatral aventureira, desprovida de fórmulas de criação, tem encantado plateias, leitores e críticos por décadas.

Além do livro recente de Grene, há poucas obras dedicadas ao teatro de Murphy. Em 1987, o jornalista e crítico irlandês Fintan O'Toole publicou o estudo pioneiro sobre a obra do autor, *The Politics of Magic*; em 2008, Alexandra Poulain publicou o volume *Homo famelicus: Le théâtre de Tom Murphy*; e, em 2010, Christopher Murray editou a coletânea de artigos *Alive in Time: The Enduring Drama of Tom Murphy*. Há muitos artigos acadêmicos sobre sua obra e, digno de destaque, um filme do cineasta irlandês Alan Gilsenan, dedicado à vida e à obra de Tom Murphy: a cinebiografia *Sing on Forever*, de 2003. O filme foi exibido como *Cante para sempre* na mostra *Vidas irlandesas: O cinema de Alan Gilsenan*, na Universidade Federal de Santa Catarina, Florianópolis, em 2015, e na segunda edição da mostra, na Cinemateca Brasileira, em São Paulo, em 2019.

Fintan O'Toole nos oferece uma leitura das peças de Murphy como uma narrativa do contexto sócio-histórico irlandês em que o autor produziu sua dramaturgia. Murphy escreveu "uma história interna da Irlanda" (O'Toole, 1987, p. 16) em que viveu, respondendo ao desespero da década de 1950, à modernização e às fantasias da década de 1960, à desilusão das décadas de 1970 e 1980, e ao retorno e colapso das ilusões dos anos do Tigre Celta. Isso, no entanto, não significa que Murphy seja um autor de interesse exclusivamente na Irlanda; ao contrário: "ao confrontar a Irlanda, Murphy foi capaz de confrontar o universo", destacou O'Toole (1987, p. 17). Também Christopher Murray comenta que "situar Tom Murphy hoje requer considerá-lo em dois contextos: a Irlanda e o mundo" (2010, p. 1). A partir dessas proposições — a capacidade universal da obra de Murphy e a ideia de situá-la em um mundo maior, além do contexto irlandês —, esta coleção de quatro peças de Murphy oferece ao leitor brasileiro uma amostra da obra do dramaturgo irlandês.

No palco, a plateia brasileira já teve oportunidade de conhecer a obra de Murphy com a peça *Balangangueri, o lugar onde ninguém mais ri*, adaptada por Domingos Nunez como uma fusão das peças *Bailegangaire* e *A Thief of a Christmas*, e encenada, em 2011, pela Cia Ludens, companhia teatral brasileira dedicada ao teatro irlandês e suas conexões com o Brasil. A fusão das duas peças realizou, de maneira singular, uma perspectiva imaginada por Nicholas Grene, no fim dos anos 1990: "para o diretor com coragem e recursos para tentar, seria um tour de force teatral encenar as duas peças lado a lado, o elenco numeroso de *A Thief* com o trio de *Bailegangaire*" (1999, pp. 220-221).

Domingos Nunez e eu desenvolvemos um apreço especial pela obra de Tom Murphy durante os anos em que temos nos dedicado ao estudo, tradução e encenação de material irlandês, atuando como acadêmicos e como profissionais do teatro na Cia Ludens: ele, como diretor artístico; eu, como produtora. Selecionamos as peças a partir de um período que passei, como pesquisadora visitante, no Moore Institute for the Humanities and Social Studies e no O'Donoghue Centre for Drama, Theatre and Performance na National University of Ireland Galway, em 2017, com apoio da Moore Institute Visiting Research Fellowship, para estudar a obra de Murphy.

A seleção observou três critérios: cronológico, regional e temático. Dentre as peças mais relevantes do autor, procuramos quatro distribuídas de maneira equilibrada no eixo temporal — da década de 1960 até os anos 2000. Duas estão situadas nos extremos do eixo — *Um assovio no escuro*, em 1961, e *Trilogia de Alice*, em 2005 — e duas no centro do eixo, na década de 1980 — *O concerto de Gigli* e *Bailegangaire*. O critério regional considerou o lugar da primeira produção das peças. *Assovio* e *Alice* foram produzidas pela primeira vez em Londres; *Gigli* e *Bailegangaire*, na Irlanda: no Abbey Theatre, o teatro nacional irlandês, em Dublin, e no Druid Theatre, em Galway, no oeste da Irlanda, respectivamente. Quanto à temática, embora essa seja sempre uma questão de grande complexidade na obra de Murphy, limitamo-nos a escolher duas peças de tema predominantemente, embora não exclusivamente, masculino — *Assovio* e *Gigli* — e duas de tema predominantemente feminino — *Bailegangaire* e *Alice*.

***

Trilogia de Alice estreou no Royal Court Theatre, em Londres, em novembro de 2005. Na Irlanda, a peça estreou no Abbey Theatre, em outubro de 2006. Uma peça que, à primeira vista, se afasta bastante do eixo temático predominante na obra de Murphy — o oeste da Irlanda e a emigração —, *Trilogia de Alice* explora três épocas distintas na vida da personagem central epônima — anos 1980, anos 1990 e 2005. O tema do exílio, entretanto, está presente, conforme apontou Alexandra Poulain: "a peça justapõe três momentos na vida de uma mulher à beira da loucura, um exílio perpétuo de si mesma e do mundo" (2008, p. 224).

As partes da peça constituem um tríptico e são praticamente três obras independentes, com os seguintes subtítulos: "Dentro do apiário"; "Próximo ao muro do gasômetro; "No aeroporto". Poucas peças de Murphy se passam em um tempo tão longo. Quase todas se concentram em um período curto: uma semana, dois dias, um dia. O longo período de tempo de *Alice* e sua estrutura incomum são talvez explicados pelo fato de que parte da peça foi inicialmente concebida como uma sequência de ficção em prosa curta. "Planejei sete contos convergindo em nomes de mulheres: Alice era um deles", explicou Murphy (apud Grene, 2017, p. 151). O primeiro desses contos era intitulado "Dentro do apiário" e continha o que veio a se tornar a primeira parte de *Alice*. O conto intitulado "Stella" inspirou a terceira parte da peça, "No aeroporto", e a segunda parte, "Próximo ao muro do gasômetro", foi escrita posteriormente para unir as outras duas (Grene, 2017, pp. 151-152).

Peter Harris nos oferece um paralelo com a personagem Alice da obra de Lewis Carroll: *Alice no país das maravilhas* (1865) e *Alice no país do espelho* (1872). Para Harris, essa é uma referência inevitável: "Na peça de Tom Murphy, embora Alice não seja mais uma menina, ela se encontra, entretanto, presa em um mundo de espelho. Nesse caso, as proporções desse mundo não são as de um sonho, mas as de um pesadelo" (Harris, 2010, pp. 190-191).

É também ao pesadelo interior que se refere Nicholas Grene: "o estado psicológico de Alice é internalizado. [...] No debate interior, Murphy encontrou uma maneira de expressar a angústia mental de Alice. [...] A progressão cênica de *Alice*, entretanto, é do interior para o exterior" (2017, pp. 154-157). "Dentro do apiário" se passa em um espaço interior fechado: "um sótão que abriga o diálogo privado do eu com o eu" (Grene, 2017, p. 157): de Alice com Al. A ação de "Próximo ao muro do gasômetro" transcorre em uma rua escura, dez anos depois, e inclui um interlocutor externo para Alice: Jimmy, um namorado do passado. Já em "No aeroporto", Alice se encontra em um restaurante de um aeroporto movimentado, sentada à mesa com seu marido Bill, mas não chega a haver um diálogo propriamente dito entre eles.

O que mais parece ter atraído a atenção dos críticos e plateias, e possivelmente também cativará o leitor brasileiro, é, de fato, o universo interior dessa personagem feminina angustiada. Mas também as relações familiares permeiam e vêm à tona na peça: a difícil relação de Alice com a mãe; o relacionamento infeliz de seus pais; a insuportável e alienante tristeza gerada pela perda trágica de seu filho William;

o estranhamento e a intransponível distância do marido. Ambos são temas universais — o universo feminino e as relações familiares — que podem interessar ao leitor e à plateia brasileira.

Na verdade, uma versão anterior desta tradução, também de Domingos Nunez, foi lida no Segundo Ciclo de Leituras da Cia Ludens: "O teatro irlandês do século XXI: A geração pós-Beckett", no SESC Avenida Paulista, em 2006. De acordo com Peter Harris, a personagem Alice — no par ego/alter ego —, bem como os personagens masculinos, Jimmy e Bill, pareceram gerar maior empatia no Brasil do que na produção original na Inglaterra (2010, p. 220). A tradução foi revisitada e refeita para esta publicação, e espera-se que o leitor e a plateia brasileira reencontrem a empatia e a aura de humanidade da peça sugeridas por Peter Harris.

REFERÊNCIAS BIBLIOGRÁFICAS

GILSENAN, Alan. *Sing on Forever*. Documentário. Parzival Productions/BSE/RTÉ/Arts Council, 2003.

GRENE, Nicholas. *The Politics of Irish Theatre: Plays in Context from Boucicault to Friel*. Cambridge: Cambridge University Press, 1999.

_____. *The Theatre of Tom Murphy: Playwright Adventurer*. Londres: Bloomsbury, 2017.

HARRIS, Peter James. "Alice Trilogy: Seen Through the Looking-Glass of the London Critics". In: MURRAY, Christopher (Org.). *Alive in Time. The Enduring Drama of Tom Murphy: New Essays*. Dublin: Carysfort Press, 2010, pp. 189-201.

MURRAY, Christopher (Org.). *Alive in Time. The Enduring Drama of Tom Murphy: New Essays*. Dublin: Carysfort Press, 2010.

O'TOOLE, Fintan. *The Politics of Magic: The Work and Times of Tom Murphy*. Dublin: Raven Arts Press, 1987.

POULAIN, Alexandra. *Homo famelicus: Le théâtre de Tom Murphy*. Caen: Presses Universitaires de Caen, 2008.

TRILOGIA DE ALICE

Para Nell

Dentro do apiário

PERSONAGENS

    Alice

    Al

TEMPO

    Anos 1980

Um raio de sol corta diagonalmente a penumbra, como se viesse de uma água-furtada ou claraboia. Algumas peças de mobília quebrada — talvez apenas um velho baú e um pedaço de tapete velho. Estamos em um quarto de sótão — ou talvez seja apenas um espaço no telhado, acessado por uma portinhola.
Uma explosão de cantos de pássaros do lado de fora, e uma segunda vez. E, um pouco depois, o gorjeio de um pássaro solitário.
Uma porta se abre e ALICE *entra (ou ela entra de quatro por uma portinhola). Ela tem vinte e poucos anos. Carrega uma xícara com pires. Vindo de baixo o tum-tum, tum-tum de uma máquina de lavar brigando com os sons de um rádio.*

ALICE   Alô? Sim! Alguém em casa? Ninguém em casa.

AL   (*como um eco*) Alô? Sim? Alguém em casa? Ninguém em casa. Bom!

ALICE   Bom!

Ela fecha a porta/portinhola, praticamente bloqueando os ruídos vindos de baixo.

Agora vemos que existe outra figura no quarto, uma mulher jovem, AL.

ALICE (*bebe um gole da xícara*) Então, qual é o cardápio para hoje, criança?

AL Poesia? Música? História? Hora das perguntas?

ALICE Xiiii! (*Ela exibe um pequeno frasco de comprimidos.*)

AL Xiiii: então está na hora das perguntas!

ALICE Xiiiiii!

AL Informe sua profissão e nome, por favor?

ALICE (*tira o avental — o que responde a primeira metade da pergunta; então*) E meu nome é Alice... Eu acho.

AL E isso é um bom começo para o nosso programa de hoje. Oook, Alice! (*"Oook, Alice": Ok, como um hispânico pronunciaria isso*) E aqui a sua primeira pergunta para dois... Relógio, por favor! Quem escreveu...?

ALICE .... O quê?

AL *Hamlet.*

ALICE Estúpida.

AL   Não-oh! Eu vou te dar uma pista. Ele também escreveu *Romeu e...*?

ALICE   Jeeessstúpida. (*Ela toma uns dois comprimidos e bebe um gole de café. E durante as falas seguintes, ela tira uma garrafa de uísque, de um esconderijo, e o acrescenta em sua xícara.*)

AL   Mas deixe que ela se acomode primeiro, que se dope primeiro, faça seja o que for que ela vai fazer com seu café primeiro, então qualquer pergunta que você queira, ela vai te dar a resposta, agora que ela está longe daquela cozinha lá de baixo.

ALICE   É. (*Concordando com a última frase.*)

AL   Forneça a palavra que está faltando no título desta canção.

ALICE   Cristo, sim. (*Assim como concordou na fala anterior.*)

AL   Não-oh! Eu ainda não fiz a pergunta.

ALICE   Xiiii!

AL   A palavra que está faltando no título desta canção: "Verde, verde" *o que* "da minha Terra".

ALICE   Cristo.

AL   "Verde, verde" o quê "da minha terra", "Verde, verde" o quê "da minha terra"... O tempo está passando, Alice ... O que Tom Jones[1] gostaria de sentir, o que Tom Jones gostaria de acariciar?

ALICE *sacode a cabeça dizendo "Cristo", para si mesma, e talvez até mesmo sorrindo com a persistência dessas idiotices. E ela exibe cigarros. (Mas talvez ela tenha decidido — e esteja tentando — parar com os cigarros).*

Mas deixe que ela acenda um cigarro primeiro... Não?... Sente-se e relaxe primeiro?... Não? Agora que ela tem...?

ALICE   Vinte e cinco minutos... (*Com uma olhadinha no seu relógio*).

AL   Antes de ir buscar as crianças...

ALICE   William, Sandra e Karen-Marie.

AL   Na escola.

ALICE   É.

AL   Então, "Verde, verde" o quê "da minha terra"?

ALICE   De qual verde é o seu Valium? (*Bebe um gole*) Comece novamente.

---

[1] Nome artístico de Thomas Jones Woodward (1940-2016), ator e cantor galês, autor e intérprete de músicas de grande sucesso nos anos 60, como "Green Green Grass of Home", de 1967. (Esta e as demais notas são do tradutor.)

AL   Oook, Alice, deixe-me ver...

ALICE   Perguntas decentes.

AL   Perguntas decentes, comece novamente, repita...

ALICE   *Recommencer, encore une fois?*

AL   ... Ah! Entendo! Muito bem, *muito* bem.

ALICE   *Une fois de plus, je comprends, très bien?*

AL   Então, a educação no Loreto[2] não foi em vão. (ALICE *solta um suspiro pesado*) É que ela está apenas chateada.

ALICE   Neste *momento* ela está chateada. (*Um pouquinho irritada.*)

AL   É que ela apenas não consegue pensar no que exatamente a está chateando neste momento.

ALICE   Um daqueles dias, provavelmente.

AL   *Outro* daqueles dias, provavelmente.

ALICE   ... É. (*"Outro" daqueles dias a incomoda um pouco.*)

AL   Ela vai ficar bem daqui a pouquinho.

---

[2] Trata-se do Instituto da Bem-Aventurada Virgem Maria, uma congregação religiosa católica cujas freiras dedicam-se à educação. Fundada em 1609 pela inglesa Mary Ward (1585-1645), a congregação leva o nome do santuário mariano em Loreto, na Itália, onde Ward costumava rezar.

ALICE   Vai?

AL   Faz sentido.

ALICE   Vai?

AL   *Não* faz sentido?

ALICE   Ela vai ficar bem.

AL   Faz sentido! Quero dizer e, por exemplo, pergunte se ela não seria outra dona de casa ao telefone, falando pelo rádio com um DJ preocupado, e tendo uma crise, e ela vai te contar...?

ALICE   O que ela vai te contar? (*Mesmo a ideia a assusta.*)

AL   Eu vou te contar o que ela vai te contar. Deixe que a Grande Al, sua melhor amiga, conte o que ela vai te contar. Ela vai te contar que... Eu estaria fodida antes disso.

ALICE   (*aliviada*) É.

AL   Quero dizer... O quê?!... O pessoal do rádio?!...

ALICE   Eu te perguntei...!

AL   Todos eles se parecem com...

ALICE   Com...

AL Com...

ALICE Malditos médicos...

AL Leigos!

ALICE Falando com doentes terminais.

AL Puta que o pariu! (*Então*) Malditos...

ALICE Amadores!...

AL Exatamente!...

ALICE Não seja tão estúpida...

AL Ela morreria só em pensar nisso.

ALICE Morreria.

AL ... Um programa de perguntas e respostas?

ALICE Quem sabe.

AL Sim?

ALICE Talvez.

AL Mas a outra coisa?

ALICE Não me faça rir, xiiii!

AL   Não a faça rir, xiiii!... O que as seguintes pessoas têm em comum: João Batista e Marilyn Monroe?

ALICE   Nenhum dos dois usava qualquer...?

AL   Certa a resposta. (*Tempo*) Ela fuma.

ALICE   É verdade.

AL   Um monte?

ALICE   Eu fumo.

AL   E os comprimidos?

ALICE   Um pouquinho.

AL   Um *pouquinho*, um *pouquinho*?

ALICE   E!... (*Erguendo sua xícara ou a garrafa de uísque para declarar desafiadoramente que ela bebe*) É verdade, mas melhor do que ter uma crise ao telefone pelo rádio, com um DJ preocupado? (*E bebe um gole.*)

AL   E seu consumo de álcool dificilmente está sendo mantido em segredo.

ALICE   Exceto!

AL   Exceto para o Grande Bill.

ALICE   O menino-prodígio.

AL   O marido dela. Que trabalha no banco, estuda quatro noites por semana, está na fila para uma promoção e cria periquitos lá fora. (*Elas tentam ouvir o som dos pássaros*) Nenhum pio.

ALICE   Mas ele ainda está nisso lá embaixo.

AL   Deixe ele pra lá.

ALICE   Falando com doentes terminais.

AL   Dê um susto nele, pegue um martelo, destrua a criação.

ALICE   E fico ouvindo a máquina de lavar?

AL   Você tem uma questão.

ALICE   Ou te ouvindo o dia inteiro?

AL   O*utra* questão.

ALICE   Eu não gosto muito de você, sabe.

AL   Concordo plenamente. No entanto, temos que aguentar firmes. Quem morreu, quem morreu, hum-ah, exatamente cem anos atrás, no dia de hoje?

ALICE   Cristo.

AL   Não! Eu devo repetir a pergunta?

ALICE   Não. Emily Brontë, Brian Boru, Ursinho Puff, Princesa Diana, Beatrix Potter, Winnie Mandela, papa João XX seja que número for e Mixtrix Quixley.

AL   Certa a resposta. Por que as mulheres têm pés pequenos?

ALICE   Mas a pessoa sentada aqui não é uma doente, temporária, terminal ou o que for: pergunte a ela. Ela está viva e com o juízo perfeito, perfeito. Pergunte a ela.

AL   Vou perguntar.

ALICE   Eu não gosto do papa, por exemplo? (AL *assente com a cabeça*) E embora eu esteja disposta a acreditar que ele não perde o sono por causa disso... humm? (AL *assente com a cabeça*) Embora eu esteja disposta a acreditar que esse mesmo sujeito imbecil tem um sono muito pesado... hum?

AL   Apesar disso? (ALICE *assente com a cabeça*) Você não gosta dele.

ALICE   Eu não gosto do sujeito.

AL   Agora, nada contra os poloneses,[3] imagine, não é?

---

[3] Referência à nacionalidade do papa João Paulo II, nascido Karol Józef Wojtyła (1920-2005), cujo pontificado teve início em 10 de outubro de 1978 e durou até sua morte.

ALICE   O que eu poderia ter contra os... ?!

AL   Nada racista.

ALICE   Não. Mas!...

AL   Sua Santidade?

ALICE   É. Uma queda por solidéus?

AL   Por beijar o chão?

ALICE   Ainda assim, ele não vai olhar para uma mulher!

AL   Ou usar camisinha.

ALICE   (*Isso*) Suscita uma questão de sanidade!

AL   Que dirá de infalibilidade!

ALICE   O Pontífice.

ALICE   O "Pontífice". (*Então rindo*) Foooooooda-se! (*O título de "Pontífice" parece ser uma fonte de diversão para elas, e não pela primeira vez, ao que tudo indica, e elas estão rindo. ALICE recua*) Não, eu não estou brincando.

AL   Ah, sim, não pare agora... Eu sei... Entendi! Tetas, falando de tetas!

ALICE   Não.

AL   Sim.

ALICE   Eu estou de mau humor.

AL   Doze dezenoves?

ALICE   Duzentos e vinte oito.

AL   Falando de tetas...

ALICE   Não!

AL   Ah, vamos lá.

ALICE   Não! Não!...

AL   Falando de tetas, falando de tetas... (*Ela aponta*) Marko Polo, quem?

ALICE   Não.

AL   Marko Polo que mora aqui ao lado é...? Um peixe...?

ALICE   Esquisito.

AL   Passa um tempão no jardim desde que iniciou...? Antecipadamente...?

ALICE   Seu confinamento.

AL   Ela quer dizer aposentadoria.

ALICE   Eu quero dizer *exatamente* o que digo... *sempre*.

AL   E ultimamente ele começou a pintar o cabelo.

ALICE   Ele é um peixe esquisito, com certeza.

AL   Aqueles olhos.

ALICE   É. (*Ela sorri*.)

AL   (*sorri*) Bem, no dia de hoje no mês passado? Quando ela saiu para pendurar a roupa lavada, Marko está próximo da cerca dos fundos do jardim deles.

ALICE   De novo. Supostamente, veio falar com ela sobre os periquitos do Bill.

AL   Bem! (*Exclamação discreta*) Apenas por diversão, ela se abaixou...

ALICE   Supostamente para colher um dente-de-leão...

AL   Mas, de verdade, para ver o que aconteceria, claro...

ALICE   Quando uma de suas tetas salta do sutiã.

AL   Bem! (*Discreta*.)

ALICE   Bem! Os olhos de peixe dele levaram um susto. Bem, eles devem ter levado...

AL   Porque ele os manteve lá...

ALICE   Ridiculamente...

AL   Enquanto o resto do corpo dele fugia da teta...

ALICE   Para se agachar em um canteiro de flores do seu lado da cerca...

AL   No percurso, a bochecha dele enganchou em uma roseira.

ALICE   Seee...!

AL   Ela deparou com os olhos arregalados dele em uma fenda da cerca, enfiou a teta de volta no lugar e...

ALICE   Seee...!

AL   Estremeceu novamente como Humphrey Bogart com o rubi de sangue na sua...? (*Acaricia a bochecha dela.*)

ALICE   (*distraidamente*) Bochecha.

ALICE *se distanciou do incidente com "Marko" — o quanto isso é inútil, patético — e está pensando em outra coisa, em um tempo quando ela era livre ou o que seja.*

AL   E embora ele não esteja lá fora agora, neste momento precioso no tempo...

ALICE   (*distraidamente*) ... Momento precioso no tempo...

AL   Ele fica lá fora, um tempão no jardim, desde... (*O gorjeio de um pássaro vindo de fora passa despercebido por elas. ALICE está apenas olhando para sua xícara*) É que ela está apenas chateada, neste momento ela está chateada, e não consegue pensar no que exatamente a está — *essstraççççaalhe* (*estraçalhe*) alguma coisa! — chateando neste momento.

Em "essstraççççaalhe alguma coisa!", o rosto de ALICE se animou, como se considerasse fazer algo violento, mas ela consegue conter isso e agora, em vez disso, apanha a garrafa de uísque novamente e serve uma dose em sua xícara.

AL   *Du? Plus? Mais non, madame!...*

ALICE   *Oui!...*

AL   *Non-Non!...*

ALICE   *S'il vous plaît?*

AL   Ooook, Alice!

ALICE   *Merci!* (*Ela guarda a garrafa.*)

AL   A primeira da sua classe na escola, não era, amada? (ALICE *qualifica isso com um gesto*) Bem, perto disso.

E quanto à matemática e ao inglês? (ALICE *levanta os polegares: ela era a melhor*) Então vocês percebem com quem estão lidando, meus amigos?

ALICE *levanta um dedo.*

AL (*em resposta*) Por exemplo: aquela... casa de pássaros... lá fora...

ALICE Eu sei que aquilo é um aviário...

AL Mas pergunte a ela, vamos, pergunte, e ela vai te contar.

ALICE Eu prefiro chamá-lo de apiário.

AL Ela chama as coisas do jeito que quer.

ALICE Minha mente, minha vida...

AL Sua mente, sua vida... Apiário.

ALICE Um apiário. Para periquitos e canários e... não importa.

AL Ela prefere chamar as coisas de não importa.

ALICE Sim! (*Ela bebe. Ela pensa.*)

AL Mas todos eles cantando juntos de manhã cedo, faz uma algazarra. (*Ela tenta ouvir o som dos pássaros. Nada.*) Curiosamente, pelo resto do dia, eles ficam bastante quietos na sua residência de madeira e tela de arame.

Exceto, sim, por explosões ocasionais, por razões bem conhecidas ou desconhecidas para eles mesmos.

ALICE   Curiosamente, nem todos eles saem à luz do sol. Pássaros coloridos, sabe?

AL   Preferem a escuridão do dormitório, onde, se supõe, eles trepam uns com os outros como cascavéis.

ALICE   E se as cascavéis forem silenciosas enquanto trepam, que é... Humm? *Humm?*

"Humm?" Alguma coisa a intriga: o modo sério com que elas têm estado a especular sobre como as cascavéis devem copular; e elas começam a rir.

AL   Foooda-se!... Bem, é para isso que eles estão lá... O quê!... Não é?

ALICE   Sim!

AL   Para procriar, não é?

ALICE   Como nós, sim!

AL   Como *você*...! O quê...! Três filhos já...! Não é...? Foooooda-se! *(Como em todas as vezes, "Foooooda-se" é um som longo, profundo, áspero.)*

ALICE   Mas...

AL   Mas, sim, você está certa, eu vou dizer isso...

ALICE   Não, mas...

AL   Aquela residência de madeira e tela de arame está impecavelmente limpa.

ALICE   Sim, ela está, mas...

AL   O quê?

ALICE   Qual é a reclamação? Esta é uma área legal, esta é uma casa legal, não é uma rua ruim, vizinhos, o Marko Polo também... é legal, velho, apenas um pouquinho ridículo, velho esquisitão... Qual é a reclamação? Você entende o que eu quero dizer? Um carro!

AL   Hipoteca extraordinária...

ALICE   Por quase nada!

AL   Porque o Bill trabalha em um banco.

ALICE   E as crianças todas saudáveis, graças a Deus, graças a Deus!

AL   Pra você ver!

ALICE   Bem de vida, pra cima e pra baixo, superocupada...

AL   E bizarra!

ALICE   O que há de errado com isso?!

AL   De fato!

ALICE   O que há de errado com isso?!

AL   Olhe para ela!

ALICE   Mimada.

AL   Olhe para ela: felicidade!

ALICE   Alguma coisinha, sabe, lá atrás.

AL   Alguma coisinha, sabe, lá atrás, hoje, *de novo*, a estava chateando.

ALICE   E passou.

AL   E passou, provavelmente.

ALICE   Sabe? (*E ela bebe. E pensa.*)

AL   E como é seu costume por essa meia hora sagrada, ela está sentada quieta, aqui em cima, no quarto do sótão, minha querida (*ou "em um espaço no telhado, minha querida"*), de tarde, minha querida, fazendo o balanço de seu patrimônio, mental e material, e sem negligenciar suas perspectivas? (ALICE *assente com a cabeça ou talvez ela simplesmente não faça nada*) Com o uísque Famous Grouse[4] disfarçado no café, antes de ir buscar as crianças na escola.

ALICE   E por que não? E por que não um trago pela manhã, ou mesmo dois, no futuro, para o lanchinho matinal? Preciso que entre na minha cabeça deslumbrante.

AL   Por que não, de fato...

ALICE   De fato, por que não... Isso impede uma pessoa de estraçalhar...! (*"Estraçalhar" alguma coisa. Sua raiva repentina, uma compulsão para quebrar alguma coisa.*)

Um movimento concomitante da cabeça de AL para a frente, de encorajamento. Mas ALICE se contém.

AL   Treze dezessetes?

ALICE   Duzentos e vinte um.

AL   Certa a resposta. Por que as mulheres têm pés pequenos?

ALICE   Xiii! (*Rejeitando a pergunta. Ela olha para cima e em volta do telhado.*)

AL   E em se tratando de quartos de sótão (*ou "em se tratando de espaços no telhado"*), este aqui dificilmente seria qualificado como o mais iluminado, não é?

---

[4] Marca de uísque escocês produzido desde 1897.

ALICE   Eu gosto dele assim.

AL   Obscuro.

ALICE   Soturno.

AL   Empoeirado, na verdade, sujo.

ALICE   É a única parte da casa que não foi domesticada: onde mais posso ficar?

AL   E você gosta de se deitar no chão?

ALICE   Eu gosto. E... Bem! Alguém está sugerindo que lá embaixo, com o rádio, é uma alternativa séria para isto aqui em cima?

AL   Você tem uma questão.

ALICE   (*o ouvido voltado para o chão*) Quem é essa que ele está ouvindo cantar lá embaixo agora?

AL   Essa é qual é o nome dela...

ALICE   Ela é dos Alpes.

AL   Uma espécie de competição está acontecendo com a máquina de lavar.

   ALICE *emite sons que intentam ser a melodia da canção no rádio — uma espécie de falsete ou agudo, como música indiana — enquanto* AL, *competindo, emite sons que imitam uma máquina de lavar.*

AL (*interrompendo, momentaneamente, a competição*) A máquina de lavar está vencendo!

ALICE Qual... é... o nome... dela?

AL Puta Anoréxica... Foooooda-se! (*Elas estão rindo.* ALICE *está prestes a ficar pensativa novamente*) Ah, não!... Esqueça isso... Eu sei... Já entendi! Bom Dia do DJ: Fale-me sobre seu marido, amada.

ALICE O meu Bill?

AL O seu Bill.

ALICE O Grande Bill?

AL O Sórdido Bill.

ALICE Bem! Ele é bom para os periquitos? (AL *assente com a cabeça, sagazmente*) Ele é bom para mim? (AL *assente com a cabeça, sagazmente*) Honestidade é o seu colete à prova de balas, e logo ele vai gerenciar uma seção.

AL (*assente com a cabeça, sagazmente. Então*) Surpreenda-me... Eu estaria certa em especular...? Ele é um homem que gosta de uma camisa bem passada.

ALICE   Certamente.

AL   Conte-me mais.

ALICE   Ele nunca vai olhar para outra mulher.

AL   Você sempre vai saber onde ele está.

ALICE   Minha mãe não poderia ter dito coisa mais verdadeira sobre ele a esse respeito.

AL   Ele veio altamente recomendado pela sua mãe. Sim, amada?

ALICE   E você poderia jantar no chão do apiário dele.

AL   Bem, você sabe o que eu vou te dizer?

ALICE   Não.

AL   É difícil derrotar uma mãe irlandesa no final das contas. Claro, elas sempre tiveram razão, claro, e o amor que dura para sempre. Deus as abençoe. (*Mas*) Desculpe-me, amada, eu te interrompi.

ALICE   De modo algum... O que eu estava para dizer?

AL e ALICE Ahmm...

AL   Uma novilha brilhante com uma língua de prata será a última a ser vendida no mercado? (ALICE: *"Não"*) Seu pai olhava para outras mulheres e ele bebia? (ALICE: *"Não"*) Leva quatorze segundos, você avalia, para conceber três crianças, é o jeito do Bill?

ALICE   Não, pare com isso. O que eu estava dizendo?

AL   Ah! Que você poderia jantar no chão daquele... (*E ela aponta "lá fora".*)

ALICE   É. Bem, sem brincadeira, mas você ouviu aquela discussão ontem?

AL   Quem?

ALICE   No rádio: Boa Tarde do DJ e uma discussão em um painel, você ouviu?

AL   Não. Qual era o assunto?

ALICE   Merda. Sem brincadeira. E embora ele não tenha, na verdade, usado a palavra merda...

AL   Ele *quis dizer*...!

ALICE   A palavra merda quando disse que contaram a ele que, em comparação a todo o reino animal, um pássaro é o que vai produzir mais merda, libra por libra, onça por onça[5]...

---

[5] "Pounds" e "ounces", no original. Unidades de massa utilizadas no sistema inglês de pesos e medidas, no qual uma libra equivale a aproximadamente 450 gramas e uma onça a 28.

AL   E você poderia jantar no chão daquele... (*Ela aponta*) lá fora?

ALICE   Libra por libra, onça por...?! Espantoso?

AL   Caralho!

ALICE   Qual é a primeira coisa que você pensa...

AL   Ele disse...?

ALICE   Quando você pensa em um lugar, galinheiro ou um quintal, com um monte de galinhas?

AL   (*sussurra*) Merda? (ALICE *assente com a cabeça*) Nenhum dos debatedores ganhou de você com essa resposta?

ALICE   Merda de galinha.

AL   Sim, amada?

ALICE   Curiosamente, depois dos pássaros vêm os peixes.

AL   Libra por libra, onça por onça?... Uauu!

ALICE   É por isso que os viveiros de peixes densamente povoados, você não sabia...?, estão causando piolhos marinhos nos salmões.

AL   Não me diga!

ALICE   E eu não estava ouvindo?! A discussão mais acalorada sobre qualquer coisa nos últimos tempos.

AL   Conte-me mais sobre a merda dos peixes, amada.

ALICE   E eu não teria me importado, mas o Bill teria resolvido o problema, esclarecido a merda toda para eles em um instante.

AL   O Banqueiro Bill?

ALICE   O Sólido Bill.

AL   Uaaa-uuu!

ALICE   (*simultânea e veladamente*) Uaaa-uuu!

ALICE *olha no seu relógio.*

AL   Tempo de sobra, você não vai se atrasar.

ALICE   Eu vou sair em um instante... Eu vou tomar mais uma? (*Ela apanha a garrafa outra vez, mas agora apenas senta-se lá, brincando com ela, perdida, ou olhando para ela inexpressivamente... Distraidamente*) Ele é muito egoísta.

AL   (*baixinho*) E embora o Uaaa-uuu Grande Bill esteja se saindo bem... (ALICE *assente com a cabeça*) Um curso de graduação à noite... (ALICE *assente com a cabeça*) Também cria periquitos e bebês e coisas do gênero... (ALICE *assente com a cabeça*) E embora ele seja o pai de todas as três crianças, a sua opinião ponderada, imparcial, objetiva?

ALICE   Ele não é das pessoas mais geniais.

AL   (*animando* ALICE) Mas: ele é um homem bom. (*"Por exemplo"*) A honestidade dele...

ALICE   Oh, a honestidade *dele*, a integridade! A *cegueira* dele, a *surdez mental* dele! Seus... Sabe? Seus... Seus atributos podem ser motivo de admiração para a mãe dele — como, de fato, são para a minha mãe, aquela *alcoviteira*, uma vez — mas eu entro aqui também, em algum lugar, não entro?... Você sabe como é chato esse, esse, esse consumo de álcool? Você sabe como isso é chato?... Chato... Os *livros* dele!

AL   Foda-se!

ALICE   Os livros dele, com os das crianças, sobre a mesa da cozinha!... O seu... seu...

AL   Maldito...

ALICE   Bigode! O tempo que ele passa olhando para o bigode, aparando-o, esculpindo-o!... As suas... suas...

AL   Malditas...

ALICE   Canetas-tinteiro! Os lápis! Sua...

AL   Maldita...!

ALICE   Camisa rosa listrada...! Sua...

AL   Maldita...

ALICE   Jaqueta xadrez...! Combinando...

AL   Maldita...

ALICE   Colorida...

AL   Malditas...

ALICE   Gravatas e malditos lencinhos de bolso! Sabe?

AL   Bem, ele é um homem!

ALICE   Não. Não, isso é sério. Ou eu estou sendo egoísta? Mimada? Eu praticamente limpo a bunda para ele. Meu nome é Alice... Tenho vinte e cinco anos... Quem é Alice?

AL   Deixe-o.

ALICE   Hah! Não é viável. (*Ela é dependente.*)

AL   Atire em você mesma.

ALICE   É. Eu penso nisso. Afogamento... Nós entramos no carro, dirijo dez milhas até as docas, e para o abismo.

AL   Com as crianças?

ALICE   Oh, eu não poderia deixá-los para trás... Meus filhos lindos... Sandra, Karen-Marie, William. Meus encantos... Com idades de seis, cinco e... quatro anos e meio! (*E ela ri, a risada passando para o grave áspero de*) Fooooda-se!

AL   Fooooda-se!

ALICE   Fooooda-se!

AL   Foooooda-se!

AL e ALICE   Fooooooooooda-se...!

Que acaba em lágrimas, de ALICE. *Bem, talvez ela esteja meio rindo, meio chorando durante as falas seguintes. Ela guarda a garrafa, dessa vez sem sequer ter se servido.*

AL   E ela costumava ser... muito, eles diziam... inteligente.

ALICE   O que eu devo fazer?

AL   Olhe para ela agora, a criatura.

ALICE   (*Eu não tenho*) Ninguém para conversar.

AL   Momento do desleixado. O seu pai, amada.

ALICE   Se meu pai estivesse vivo.

AL   E ele usava a nossa parte privada da casa também.

ALICE   Ele usava o quarto de hóspedes como uma oficina.

AL   Todo tipo de coisas lá.

ALICE   Ferramentas. Torno de aço, serra de arco. O que é aquilo?

AL   Aquilo é uma ferramenta para calafetar, Alice.

ALICE   E aquilo?

AL   Compassos, paquímetros, micrômetro.

ALICE   E aquilo...

AL   Um ímã mágico.

ALICE   E aquilo...

AL   Uma garrafa de uísque embaixo da bancada.

ALICE   Minha mãe o levou a isso. Minha mãe o tratava como um cachorro.

AL   E você queria que ele morresse.

ALICE   Não, resposta *in*correta.

AL   Porque ele olhava para outras mulheres e bebia...

ALICE   Bem, pelo menos ele olhava!

AL   E você queria que ele morresse.

ALICE   Bem, eu não quero mais isso agora, ok?! Na verdade, eu comecei a olhar para outros homens. Na verdade, eu vou ter um caso.

AL   Eu queria que você — eu estou morrendo de tédio — fizesse *alguma* coisa.

ALICE   Bem, se eu tivesse tempo, eu faria!

AL   Patético, lastimável e você sabe disso. Trinta e nove dezoitos?! Oh?!

"Oh" em reação ao movimento repentino de ALICE *apanhando a garrafa novamente, para então servir uma dose generosa em sua xícara.*

ALICE   *"En voulez-vous encore, Madame?" "Oui, un peu."*

AL   *Mais non!*

ALICE   *Oui... oui!...*

AL   *Mais non!*

ALICE   *Oui... oui!...*

AL   *Mon Dieu!...*

ALICE   "A mon grand regret, je me vois force de!"

AL   (*simultaneamente*) Excrément! Merde! Calice!

ALICE   Uma pitada. (*Brinda o ar com sua xícara. Então*) Trinta e nove dezoitos, setecentos e dois, qual é a diferença entre um pato... uma de suas pernas... é que ambas são iguais. Por que um rato, quando ele rodopia...? (*E ela bebe.*)

AL   Porque quanto mais alto, menos...[6]

ALICE   Certa a resposta... Qual a banda ou grupo que Mick Jagger lidera?

AL e ALICE Lábios de Cavalo.[7]

AL   Certa a resposta...

ALICE   Certa a resposta...

AL   Em qual cidade acontece a Maratona de Londres?

ALICE   Passo.

AL   O que é longo e fino e cheira a gengibre?

---

[6] Estas são charadas prontas, absurdas em inglês: "What's the difference between a duck? One of its legs is both the same" e "Why does a mouse when he spins? Because the higher, the fewer".

[7] "Horselips", no original. Além de se referir jocosamente à anatomia da boca do líder dos Rolling Stones, o termo também estabelece uma aproximação com a banda irlandesa Horslips, cujo repertório funde música tradicional, de inspiração celta, e rock.

ALICE   O pau do Fred Astaire.

AL   Certa a resposta. Por que as mulheres têm pés pequenos?

ALICE   Para que elas fiquem mais próximas da pia.

AL   Tempo esgotado!

ALICE   (*uma meia olhadinha no seu relógio*) Eu vou sair agora em um instante. (*Ela está calma, sorrindo*) ... Não, mas, de verdade, você sabe no que eu penso, não sabe? Você sabe no que eu penso? Em Direito. Direito é a única coisa para se fazer, é a única coisa para se ocupar, estudar. Sabe? Eu amaria fazer Direito. Isso é o que eu amaria. Isso é o que eu vou fazer. É, sabe, o meu desejo mais caro. (*Ela bebe.*)

Um gorjeio vindo de fora.

AL   Um periquito canta sozinho, Marko Polo responde piando do seu jardim, a Dow Jones despencou oitenta e cinco pontos em negociações desesperadas. (*Ela se desloca um pouquinho.*)

ALICE   (*como antes, sorrindo, relaxada o tempo todo*) Eu estou mentindo. Não é assim. A Sandra vai fazer Direito. O palco, *definitivamente, definitivamente,* é para a Karen-Marie. E o William? (*Ela sorri, afetuosamente, do caráter de William; então*) Meu doce, doce William. Mas para mim, é... O que eu quero tem que ser... "O" (*Ela não percebe que não conseguiu encontrar a palavra, ou palavras, mas ela sorri, aspirando um "O", lentamente sugando o ar; e de novo)* "O"... (*Sua mão livre delineia um gesto amplo. Ela quer respirar; ela quer liberdade para desenvolver/descobrir/explorar sua mente e espírito*) Sabe? Encontrar. Porque existe um país estranho, selvagem, lindo e misterioso dentro de mim. Caso contrário, dê-me... um bicho bruto para enfrentar. Porque isso é morte lenta. Caso contrário... lobotomia. (*Sonhadoramente*) Sabe? (*Bebe, olha no seu relógio*) Cristo, as crianças! (*Ela fica de pé e entra em ação*) Sim? Guardar a garrafa. Sim? Onde está meu avental?... Aqui está meu avental. Xícara e pires? (*Eles estão na sua mão*) Xícara e pires. As chaves do carro sobre a mesa do saguão, as balas de hortelã no porta-luvas. Mais alguma coisa? Não. (*Prestes a sair*) Grande Al, eu estou indo me encontrar com dificuldades?

AL   Por que você está fazendo a pergunta? (*Que é a resposta.*)

ALICE   (*Ok*) Eu estou ficando louca?

AL   Um pouco de ar entrando aí em cima, com certeza, eu diria.

ALICE   Eu seria capaz de fazer alguma bobagem?

AL   Não sei.

ALICE   Eu não seria. Eu nunca seria capaz nem mesmo de machucar uma mosca. (*Do lado de fora, o trinar de pássaros*) Eu não consigo pensar o que era que estava me chateando, mas passou. Então...! *Alles ist in ordnung.*

E ela sai. (Alguns ruídos vindos de baixo — o rádio — entre o abrir e o fechar da porta/portinhola.)

Fora, o trinar de pássaros agora fica alto e agitado, e vem em ondas. AL *continuou lá.*

AL   E lá fora, ouçam... Por razões bem conhecidas ou desconhecidas para eles mesmos, os periquitos estão todos cantando juntos, como uma serra de arco cortando arame.

Próximo ao muro do gasômetro

PERSONAGENS

    Alice

    Jimmy

    Encapotado

TEMPO

    Anos 1990

Um beco. Entardecer — quase noite. Parece deserto. Mas está? Porque está sombrio, mal iluminado.
Sons, fora, de uma cidade e, não claramente definidos, de uma feira de gado em curso, funcionando até tarde. (Palavras que são ditas em um microfone e chegam até nós distorcidas, perdidas no ar, vindas de longe).
A aspereza de uma tosse, fora. Então, um tipo de homem disforme, de idade indeterminada, usando uma miscelânea de roupas velhas — ele se parece com um catador de lixo —, surge e, embora não se detenha, enquanto desaparece, descendo o beco, ele faz uma volta completa e olha para trás, para dentro das sombras, como que desconfiado de uma presença lá.
E, um instante depois, fora, a aspereza da voz dele novamente, dessa vez como que se encontrando com alguém.

ENCAPOTADO   Boa noite, como vai você! Que jogo aquele, do domingo passado!

> *E um instante depois uma mulher surge, casualmente, vestida com descuido: o sobretudo aberto, as mãos fincadas nos bolsos, e ela tem, digamos, trinta e tantos anos. Ela continua subindo o beco. Quando ela desaparece, uma voz, em um sussurro, vinda das sombras:*

VOZ	Alice! (*Ela desapareceu de vista. O sussurro é mais audível, mais insistente dessa vez*) Alice!
ALICE	(*fora*) Sim?... Sim?
VOZ	Sou eu!
ALICE	O quê? (*Ela retorna nervosa*) ... Quem?
VOZ	Eu! Jimmy!
ALICE	... Jimmy?

JIMMY, *a "Voz", se materializa aos poucos, como se estivesse nervoso, indeciso. Totalmente materializado, ele tem por volta de quarenta anos. O corte/comprimento/ estilo do seu sobretudo sugerem custo alto/moda/um pouco de glamour. Acessório na cabeça e óculos, talvez, ambos como um disfarce. Ele tem uma voz rica, como a de um cantor, e quando ele ri, a risada é rica também.*

JIMMY	James Godwin. Jimmy.
ALICE	... Não.
JIMMY	É.
ALICE	... Não.
JIMMY	Sim.

ALICE   Eu não acredito nisso.

JIMMY   Pode acreditar.

ALICE   Eu não acredito nisso, não acredito nisso! Oh, meu Deus, Deus, é você. Eu não acredito nisso. (*Então*) Você está diferente.

JIMMY   Bem...! (*Tira os óculos, tira o chapéu, abaixa a gola de seu casaco*) E, sem maquiagem.

ALICE   Isso é certamente a coisa mais incrível que me aconteceu em não sei quanto tempo! Nunca!

JIMMY   *Você* não mudou.

ALICE   Bem, isso é uma surpresa.

JIMMY   Você me escreveu.

ALICE   Eu sei que sim, mas nunca, por um segundo, pensei que você... (*Apareceria aqui*).

JIMMY   Aqui estou!

ALICE   Então o que eu faço com você agora? (*E ela ri*).

JIMMY   Por que você está rindo?

ALICE   Quero dizer, James Godwin, James Godwin!

JIMMY   Jimmy, você sempre me chamou de Jimmy. Na verdade, esse foi o único ponto — alguém ousaria chamar isso precaução? — na sua carta, de resto muito calorosa, eu achei, você me tratando por James. Motivo para isso?

ALICE   Mas todo mundo agora te conhece como James.

JIMMY   Então a formalidade no tratamento não foi reserva e distância da sua parte? Bom!

Ela acha muito engraçado, e ele ri também.

ALICE   Muita água passou por baixo da ponte, Jimmy. Deve fazer quase vinte anos desde que...

JIMMY   Mais. Eu estava calculando isso, vindo para cá. Você estava se preparando para os exames finais[8] naquele ano, você estava com dezessete anos completos... Eu vim trabalhar aqui no final de 72, na primavera de 73 tivemos nosso primeiro encontro, o que quer dizer...

ALICE   Não precisamos ser *tão* específicos quanto aos anos.

JIMMY   Vinte e um anos atrás. E vinte e um anos desde a última vez em que nos vimos.

ALICE   Em carne e osso.

---

[8] "Leaving Cert", no original. Referência ao exame a que os estudantes se submetem, no sistema educacional da República da Irlanda, no final do ensino médio.

JIMMY O que você quer dizer?

ALICE Eu te vejo com bastante frequência na televisão.

JIMMY Sim, muito tempo. De fato. Sim.

ALICE E eu não mudei. (*Seu humor seco.*)

JIMMY Você não mudou.

ALICE Quando eu penso como eu era naquela época!

JIMMY Sim.

ALICE Não, a língua presa!

JIMMY Não!...

ALICE Sim! E eu era uma puritana e estúpida...

JIMMY Você não era! Você era...

ALICE Eu era, eu era!...

JIMMY Quieta, talvez, discreta...

ALICE Como você aguentava aquilo?

JIMMY Modesta, certamente...

ALICE Oh, garoto!

JIMMY   Não é como eu me lembro disso, Alice.

ALICE   Honestamente! Quando as coisas do meu passado voltam até mim agora, eu me sinto tão envergonhada, sabe? Eu me pego falando em voz alta comigo mesma — "um, dois, três, quatro" — para pôr um fim no constrangimento.

JIMMY   Você era recatada, Alice, era tímida, e estava certa. Você transmitia beleza interior.

ALICE   Bem, ok... Em determinados assuntos. Mas comparado com o que é dito que os jovens fazem hoje em dia...

JIMMY   Na verdade, eu é que não era muito comunicativo.

ALICE   Ah, você era...!

JIMMY   De fato, até certo ponto, eu ainda sou assim. Porque, eu quero dizer, a comunicação, eu acredito, tem um elemento de hesitação? Está imbuída de um medo? De que no processo de comunicação, você possa ser rejeitado? Você concordaria com essa observação?

ALICE   Ainda o intelectual.

JIMMY   Mas... mas... mas... Então pode advir o autoquestionamento, a dúvida, a perda de autoestima. Você não concorda.

ALICE   Oh, meu Deus! (*E seus lábios se comprimem.*)

JIMMY   O quê, o quê? (*Apreensão discreta.*)

ALICE   Um, dois, três, quatro. A ideia de um beijo francês (*naquela época*). E quanto tempo nós saímos juntos? Seis, sete meses?

JIMMY   Um bom tempo para durar um romance entre dois jovens... Entende?

ALICE   (*Um tempo*) Sobre *o que* nós estamos falando?!

Eles riem.

JIMMY   Você era perfeita.

ALICE   Obrigada. Sabe, eu às vezes penso que eu era. Estou muito lisonjeada com tudo isso, Jimmy... A última vez que eu te vi, foi na estação de trem.

JIMMY   Eu ainda não sei dirigir. As pessoas acham isso estranho. Você acha?

ALICE   Não. Eu não dirijo mais. Eu não tenho dirigido faz mais de, oh, dez anos. Mas essa é outra história. Como você veio até aqui?

JIMMY   De táxi.

ALICE   Um *táxi*?

JIMMY   Eu disse a ele para esperar.

ALICE   Eu me sinto *duplamente* lisonjeada... Não sei o que te dizer!

JIMMY   Você está indo bem!

Eles estão rindo.

ALICE   Eu ainda não acredito nisso!

JIMMY   Nem eu, nem eu! Por que você escreveu para mim?

ALICE   Bem...!

JIMMY   Mas a sua precisão...?

ALICE   Não sei. Eu não sei como sempre sabemos o porquê de fazermos coisas.

JIMMY   Que verdadeiro! Isso é muito verdadeiro.

ALICE   Sabe...? (*Ela está lisonjeada.*)

JIMMY   Interessante. (*Ele está prestando atenção nas palavras dela*) Sim?

ALICE   Eu não sei como sempre sabemos. Escrevo e peço a ele uma foto, autografada...

JIMMY   Sim...?

ALICE   Ou isso é infantil...?

JIMMY   Sim...?

ALICE   Então, meio que um sonho...?

JIMMY   Ou inspiração, ou intuição?

ALICE   Ou coragem? Não seria formidável encontrá-lo?

JIMMY   Eu compreendo.

ALICE   Sabe...? Talvez simplesmente para explicar porque eu era tão idiota aos dezessete anos.

JIMMY   Você nunca foi isso, Alice.

ALICE   Eu me lembro! Lembro? Quando eu estava escrevendo, eu pensei, que tal se em vez dessas besteiras, que tal se eu dissesse outra coisa: (*Ela gesticula "talvez, por exemplo"*) "Querido James, já está mais do que na hora de nos vermos novamente para compararmos anotações". Sabe?

JIMMY   De fato. E você disse isso.

ALICE   Eu disse isso?

JIMMY   "Imagino que, como eu, você passou por muita coisa." Sim? (*"Lembra-se?"*)

ALICE   Sim?

JIMMY   "E nem tudo foi só sucesso."

ALICE   Bem...!

JIMMY   "E seria interessante descobrir, em primeira mão, onde você está agora."

ALICE   E eu sugeri que nos encontrássemos aqui?

JIMMY   Você sabia que eu conheceria aqui: "Estarei livre para te encontrar no beco, qualquer terça, neste mês de outubro, às sete horas!".

ALICE   Bem...! Eu poderia ter escrito: "Estarei livre para te encontrar — se você estiver livre para fazer isso, se você quiser — qualquer terça, neste mês de outubro, no hotel". Porque não é como se ao escolher aqui nós fôssemos aprontar qualquer coisa, é...? Nós vamos? Vamos tomar um café?

JIMMY   Não. A sua escolha do local me atraiu. Nós sempre vínhamos por este caminho quando íamos para o rio. Às vezes, parávamos aqui... (*Ele vai para o lugar*) Lá.

ALICE   Para um amor apaixonado, louco.

JIMMY   Tudo aquilo teria acontecido no momento adequado. Os jovens de hoje estão perdendo isso. É uma pena. A inocência tem uma energia, de fato, excitação, única, que lhe é própria. Ela tem tanta coisa a seu favor: a euforia equilibrada da própria espera.

ALICE Expectativa?

JIMMY (*fixado nela*) Alice. Absolutamente, absolutamente esplêndido. Sua carta chegou em um momento muito importante para mim.

ALICE Bem, sabe...?

JIMMY Ela foi muito oportuna.

ALICE Coloquei-a em um envelope, aos cuidados da GTV, "Por favor, encaminhem, se necessário", acho que foi isso, enfiei em uma caixa do correio, rapidamente, tenho certeza, antes que eu pudesse mudar de ideia.

JIMMY Muito perspicaz.

ALICE Bem...! Eu tenho esses lampejos de inspiração... Bem, as pessoas me dizem que eu tenho. Não com frequência, claro, a cada dois anos.

JIMMY Sim...? Interessante... Como?

ALICE Oh, acho que, como... Tem esse livro de poesia...

JIMMY Sim?

ALICE   Meu pai que me deu... Legal, sabe? — *Flores de Muitos Jardins*[9] —, e quando eu estava um pouco pra baixo, eu costumava folheá-lo, uma só vez, e acabava por considerá-lo animador... Apesar de meu ego determinado ser o contrário disso.

JIMMY   Sim?

ALICE   Bem, nessa aula, curso, que estou fazendo na cidade, tem essa amiga... conhecida, na verdade, porque ela é do tipo muito dramática... Sabe o que eu quero dizer, Jimmy? E eu pensei, aquele livro de poesia ainda está lá em casa em algum lugar? Encontrei-o, dei para ela, "Leia isto", eu disse, "e ele vai te retribuir mil vezes mais".

JIMMY   Eu voltei para a Spenser... Desculpe-me... Sim?

ALICE   Não estou dizendo que ele operou uma mudança completa nela, mas ela é agora, *comparativamente*, uma área livre de desastres.

JIMMY   Sim. Sim?

ALICE   É, sabe...?

JIMMY   Sim?

---

[9] *Flower from Many Gardens* é uma antologia poética editada por J.E. e H.S. e publicada pela primeira vez, em Londres, em 1910, por Simpkin, Marshall, Hamilton, Kent and Co.

ALICE   Bem, outro tipo de... lampejo... que eu posso ter, pode ser, pode ser, oh... Bem, entrando em contato novamente com um velho amigo... um velho *beau*?... "Mais do que na hora!" para descobrir onde *você está*, "em primeira mão", e pressentindo isso, que entrando em contato novamente poderia ser, de algum modo, muito importante.

JIMMY   (*Sim*) Você esteve aqui na terça passada?

ALICE   (*Eu*) Passei por aqui, no mesmo horário. E estarei aqui na próxima terça, e na terça seguinte, se Deus quiser, às sete horas.

JIMMY   Eu considerei vir aqui na terça passada...

ALICE   Bem, você é ocupado.

JIMMY   Não. Bem, sim. Eu pensei sobre isso, mas...

ALICE   É uma viagem e tanto para se fazer.

JIMMY   Você tem filhos?

ALICE   Tenho três.

JIMMY   Eu tenho três.

ALICE   Praticamente *touché* nisso aí! Eu não sabia se eram dois ou três que você tinha. Embora você apresente o noticiário e anuncie aquelas coisas especiais, você não revela muito sobre si mesmo?

JIMMY Você acha isso uma coisa ruim?

ALICE Xiiii! (*Não*) Mal posso esperar para me livrar dos meus três. Bem, as duas meninas. Eu não estou particularmente preparada para continuar como escrava delas. Enquanto o meu William agora... Você não consegue imaginar que acompanhante galante um garotinho pode ser. E ainda é... Mesmo assim, para ter tempo para mim mesma, para ler, ou para... Você sabe com o que eu gostaria de me ocupar? Filosofia. Eu gostaria de compreender o que se passa... Bem, comigo mesma para começar. Oh, garoto! Porque... Eu estou falando demais.

JIMMY Tudo que você diz tem uma ressonância (*Para mim*). Você era perfeita. Eu não deveria estar batendo nessa mesma tecla?

ALICE Bata em outra.

JIMMY (*ri; então, brincando*) Assim, terça-feira é sua noite de folga, então?

ALICE Terça à noite é minha aula de redação criativa.

JIMMY Oh!?

ALICE   Terça de manhã, a cada quinze dias: clube do livro.

JIMMY   Sim?

ALICE   Mais ópio para a dona de casa.

JIMMY   Música... Havia um coral na cidade?

ALICE   Não estou particularmente preparada para ser uma garota de coral.

JIMMY   Mas seguramente... Vamos lá!... Essa aula de redação?

ALICE   Se eu ouvir outra mulher lendo em voz alta sua composição sobre a lembrança de assistir seu papai se barbeando quando ela era uma garotinha, eu vou me dar um tiro — com uma navalha.

JIMMY   (*ri; então*) Eu me lembro do seu pai. Algumas vezes, caminhando naquela direção, para o bosque, ele passava por nós de bicicleta, fingindo não nos ver: humm?

ALICE   Trabalho da minha mãe. "Suba na sua bicicleta, Gerard, e deixe que eles saibam que eu sei onde eles estão e se estão aprontando alguma coisa."

JIMMY   Aaah!

ALICE   Ele morreu em 14 de julho, 1978.

JIMMY   Um homem bastante jovem, então.

ALICE   Cinquenta e sete anos. Ela ainda está viva. Ele tinha um problema (*Um problema com bebida*). Que na tradição da família, eu mantive por um tempo, até que recuperei a razão com uma batida.

JIMMY   Oh?

ALICE   Acidente de carro.

JIMMY   Grave?

ALICE   Ahmm! Saímos vivos disso. Minha mãe estava interessada em você.

JIMMY   Estava?

ALICE   Interessada em você para *mim*. Ela dava muita importância a qualquer um que trabalhasse no banco. Veja, nenhum de nós, eu acho, está à procura de beijos ou esse tipo de coisa... Estamos? (*Ela segura na mão dele*) Mas, só isso, só por um minuto. (*Eles permanecem de pé ali, de mãos dadas, olhando à frente, para nada, com seus próprios pensamentos, a noite os envolvendo. Ela sorri*) Qual de nós está sonhando isso?... Então, como vão as coisas?... Tudo bem?... Você está bem?... De saco cheio?

JIMMY   (*sorrindo para as perguntas, nega com a cabeça em resposta à última. Então*) Você vai ser o meu homem?

ALICE   (*lembra-se, sorri: é um jogo que eles costumavam jogar; então*) Sim.

JIMMY   Vai carregar a vasilha?

ALICE   Sim.

JIMMY   Vai brigar com a fada?

ALICE   Sim... Vai ficar com medo...?

JIMMY   Não...

ALICE   Não...

JIMMY e ALICE   Puh, puh, puh, puh!

"Puh, puh, puh, puh!" sopra para longe/dissipa a fada. A risada prossegue:

ALICE   Eu suponho que não estaríamos aqui se as coisas estivessem bem... (*Repentinamente*) Você está pesquisando alguma coisa?

JIMMY   Pesquisando? Não. Por que pergunta?

ALICE   Sem porquês... Eu apenas... (*Ela finaliza com um movimento de ombros: ela "apenas se pergunta"*) ... Eu caminho muito. Até o rio, ocasionalmente, o bosque, o que restou dele. Para fugir. E fugir do quê? Porque, de qualquer modo, há cada vez menos do que se fugir.

Você conhece aquela palavra, "alienada"? Bem, por que não conheceria, você conhece palavras. Então, eu estou caminhando e, de verdade, sinto que estou somente marcando passo. E para quê? As coisas estão ficando mais vazias. Assim, então eu digo, "Que tal se eu fosse aquela pessoa?". Ela. (*Ou*) Ela? Não serve. Ok. Bem, "Como seria *encontrar* aquela pessoa?". Ela, ele, uma estrela de cinema, você... um fantasma?... É patético, não é?

JIMMY   Não... Seu marido?

ALICE   Bill. Ele é legal, ele é ok. Muito bom. Ele é bom. Nós não conversamos muito. Ele gostaria que eu tivesse todo tipo de coisas. Uma empregada em tempo integral. (*Ela meneia a cabeça, ela não vai ter uma*) Praticar golfe. Não. Eu sei por que ele me oferece essas coisas. Ele chegou na cidade não muito tempo depois de você ter ido embora e, como você, para trabalhar no Banco Nacional. Posição respeitável. Disposição para os estudos. E isso o colocou em uma boa posição, como eles dizem.

JIMMY   Ele se deu bem.

ALICE   Ele se deu bem. Casa grande, no Pequeno Bosque, meu querido... Tem uma "entrada privativa". No entanto, uma peculiaridade engraçada apareceu (*nele*).

JIMMY   Sim?

ALICE   Sabe, para alguém que nunca saiu muito, sabe, não socializava, que não tomou seu primeiro gole até que tivesse trinta e um anos: bem, nos últimos quase dois anos, ele começou a beber.

JIMMY   Ele se tornou...?

ALICE   Não.

JIMMY   Quero dizer, violento.

ALICE   Não, mas eu notei alguma coisa francamente desagradável acontecendo com o formato da boca dele. Sabe? E eu olho para a minha, no espelho, para inspecionar isso. E o bar do Murphy... lá embaixo, perto da ferrovia. Bem, é... como você chamaria aquilo?... O bar *mais ordinário* da cidade. Eu nunca estive lá, mas eu conheço os tipos que vão lá e são a clientela. Sub-humana. Eu quero dizer, ele é gerente de área para a metade dos bancos no país, pelo amor de Deus, então o que ele está fazendo, qual é o problema com ele?

JIMMY   Colegas.

ALICE   O quê?

JIMMY   Colegas implicando com ele. Inveja.

ALICE   (*veladamente?*) O quê?

JIMMY   Oh-ho-ho!

ALICE   *O que* eu estou dizendo? Não é sobre isso que eu quero conversar com você. Ou me lembrar, quando você tiver ido embora.

JIMMY   (*para si mesmo*) Oh-ho-ho!

ALICE   Não é que eu esteja, sabe...? (*Infeliz.*)

JIMMY   Na verdade, nem eu.

ALICE   Infeliz: não estou dizendo isso.

JIMMY   Não.

ALICE   Três crianças cada. (*Ele assente com a cabeça*) ... Com a mesma mulher?

JIMMY   Sim.

ALICE   Como ela é?

JIMMY   Ela é muito inteligente. Não é nenhuma boba.

ALICE   Como eu... Mas tem alguma coisa errada, não é?

JIMMY   Tem alguma coisa faltando.

ALICE   Eu nunca ganhei a minha vida.

JIMMY   Alguma coisa se perdeu.

ALICE   É.

JIMMY   É.

ALICE   ... Você se lembra de um final de tarde, na verdade era noite porque eu lembro que havia uma lua, e nós chegamos ao rio e você viu... Companhia.

"Companhia": alguém está se aproximando. Eles recuam para as sombras mais densas; JIMMY *agora voltado para* ALICE, *como se a protegesse ou a ocultasse.*

ENCAPOTADO *retorna. Ele sabe que eles estão lá — embora finja o contrário. Ele se detém para amarrar um cadarço, sem necessidade. Isso feito, enquanto ele sai, subindo o beco:*

ENCAPOTADO   Que jogadores de *hurling*[10] aqueles garotos de Cork! Boa noite para vocês!

JIMMY   Boa noite!

ALICE   Ele sabe muito bem que sou eu que estou aqui.

JIMMY   Quem é ele?

---

[10] "Hurlers", no original. Referência aos jogadores de *hurling*, modalidade esportiva muito antiga e um dos esportes nacionais da Irlanda. Praticado em campos gramados, o jogo consiste em dois times, com quinze jogadores cada, que impulsionam uma pequena bola com tacos de madeira, a fim de pontuar no campo do adversário.

ALICE Ninguém. Alguém deveria pegá-lo como um animal de estimação. (*Ela é boa em imitar a voz áspera dele*) "Boa noite para vocês!" Embora ele seja um fofoqueiro conhecido. (*Imitação novamente*) "Jesus, você sabe quem eu acabei de ver agora lá embaixo no beco escuro com um estranho?"

JIMMY Ele vai dizer isso?

ALICE Quem se importa?!

JIMMY Você quer que a gente saia daqui?

ALICE Não. (*Ela está animada, brava, as frustações do seu mundo interior fazem com que ela se mantenha em movimento e lance a próxima imitação para a cidade, como uma provocação*) Boa noite para vocês...! Como vão...! "Que jogadores de *hurling* de merda aqueles garotos de Cork!" (*Para* JIMMY) Não, eu não quero que a gente saia daqui! (*Para a cidade*) "Que lugar de merda esta cidade, para morar!" (*Para si mesma*) Eu vou me deliciar com nosso encontro aqui por um longo tempo.

JIMMY (*sem entender esse rompante de comportamento*) O quê?

ALICE (*animada novamente*) "Apertemos as mãos, irmão/ Você é um vigarista e eu também sou/ Você será enforcado em Ballinrobe e eu serei enforcado em Ballintubber!"[11]

---

[11] Ballinrobe é uma cidade e Ballintubber, oficialmente Ballintobber, uma vila, ambas no Condado de Mayo, Irlanda.

Eles riem/ou o que seja.

JIMMY   Você ia dizer: "Em um final de tarde, noite, a lua tinha saído, nós chegamos ao rio e eu...!".

ALICE   ... Deve ter sido uma mentira: não consigo me lembrar. Mas eu me lembro de ter rido.

JIMMY   Oh? Sim?

ALICE   E *do quê*? (*Ela está rindo.*)

JIMMY   Sim? Sim! (*Ele está rindo.*)

ALICE   Sua imaginação.

JIMMY   Minha...? Sim...? Eu...?

ALICE   Oh, sim! Apenas deixando a sua imaginação desabrochar...

JIMMY   Minha...? Eu...? Eu...?

ALICE   As coisas que você disse...!

JIMMY   Disparates...? Sim...?

ALICE   Eu não lembro o que eram, mas, oh sim!

JIMMY   Sim!

ALICE *Ouvindo-me rir... sabe? Esta sou eu mesma, produzindo este som? Sabe?*

JIMMY Considerando sua natureza discreta habitual!

ALICE (*rindo — ela riria de qualquer coisa neste momento*) O quê...? Não...! Sim...! Eu não sei!

JIMMY Esplêndido! A espontaneidade da coisa! A pureza da coisa! Oh, sim, inocência. (*Um ou dois tempos e* ALICE *ri alto novamente, para si mesma*) Você não concorda?

ALICE Concordo, oh, concordo!

JIMMY (*para si mesmo*) Oh, sim. E nós vamos nos empenhar juntos em redescobrir aquele estado.

ALICE Nós vamos o quê?

Ela se dá conta agora de que nem tudo vai bem com ele; e como ela deve lidar com a situação? A pergunta dela parece ter passado despercebida por ele; ele torna-se filosófico.

JIMMY Humm? Oh, sim, inocência... modéstia. Sim, o fenômeno da pessoa tímida — a "natureza discreta" de que estávamos falando — é um fenômeno interessante. Os artistas agora, por exemplo, têm isso... E os atores. Eu tenho vários amigos atores e, sabe, eles são invariavelmente tímidos. (*Ri*) Os bons, isto é, não estamos falando aqui de lenços de pescoço. Embora, de fato, imagine, eu mesmo andei por aí usando um, uma vez. (*E ele está falando sério novamente*) Mas... mas... mas, o fator timidez, modéstia, humildade, pode ser encontrado somente no artista consumado, aquele que, paradoxalmente, em seu trabalho, revela e expõe o seu eu interior mais profundo. Você concorda? Apesar de toda a timidez, humildade! Você não concorda?

ALICE   Concordo.

JIMMY   Você concorda?

ALICE   É.

JIMMY   Oh, sim... Você era perfeita, sabe.

ALICE   Bem...

JIMMY   Humm?

ALICE   Talvez.

JIMMY   E eu era tão... (*Provavelmente "estúpido". Ele meneia a cabeça*) Eu cometi muitos erros na minha época, Alice. A vida é um jogo de lances ruins. O quê?

ALICE   Era de esperar. O que você quis dizer lá atrás quando disse...?

JIMMY   Quando eu...?

ALICE   Não consigo me lembrar.

JIMMY   Desculpe?

ALICE   Alzheimer galopante.

JIMMY   O quê? Oh, sim! (*E ri*) A mesma coisa comigo! Mas, os erros, os erros! Às vezes eu acho que vou ficar louco... O quê?! O quê?

ALICE *não sabe o que dizer para ele. Ela sente que deve continuar falando a qualquer custo, enquanto o convida a rir. Mas ele não ri.*

ALICE   Eu não acho que *vou* ficar louca, eu acho que *sou* louca! (*Convidando-o a rir*) Bem, um pequeno inventário de como as coisas estão aqui em cima (*Na sua cabeça*) e toda a evidência está lá para comprovar isto: eu *sou louca*. Mas então, *confusão*: eu estou subindo a pé até a cidade, e encontro uma mulher que conheço há anos e que é considerada sensata, apenas para descobrir que a obsessão total dela parece ser uma paixão por rechear um cogumelo... Por gritar bem alto, por gritar bem alto!... A determinação dos meus vizinhos para colher as margaridas, matar até a última pobre margarida de seus gramados... Para gritar bem alto!... E, depois de tudo que aconteceu... Escândalos, escândalos!... Eles ainda correm até a igreja... Você sabe o que eu estou dizendo, Jimmy?... Para cima e para baixo até a igreja, fazendo montes de orações. Você sabe o que eu quero dizer, Jimmy? Eu estou *confusa*. Eles, não eu, são considerados as pessoas *normais*? A menos que a sanidade, no final das contas... Bem, isso faz com que eu me pergunte... se a sanidade, no final das contas, é apenas outra forma de insanidade. Você sabe o que estou dizendo, Jimmy?

JIMMY   Sim. Suicídio.

ALICE   Como assim?

JIMMY   Como uma questão a se considerar.

ALICE   Oh, entendo.

JIMMY   Entende?

ALICE   Quantas vezes eu pensei nisso, quantas vezes!

JIMMY   Eu tenho pensado bastante nisso ultimamente.

ALICE   Quantas vezes eu pensei nisso, eu te pergunto!

JIMMY   Isso, ou fazer um novo começo.

ALICE   Como assim?

JIMMY   Sabe, começar novamente. Sabe? Eu acho que conheço seu marido sem nunca ter me encontrado com ele. Sabe? Eu acho que o conheço. Ele se deu muito bem?

Eu também. Dinheiro? Excepcional! Ele é uma figura sênior. Precisa observar que padrões sejam mantidos, precisa lembrar aos outros que códigos de comportamento têm que ser preservados. Então o que acontece? Colegas invejosos e ressentidos — de ambos os sexos. Assédio velado. Sussurros perversos e maliciosos. Ele se tornou um homem difícil. Por que não se tornaria?! Ele se tornou violento... Não! Você negou isso prontamente quando te perguntei há pouco. Oh-ho-ho! Ele é um homem violento. E o formato da boca dele. Eu o conheço. Eu não me importaria de encontrar um bar ordinário, se eu conseguisse encontrar o certo... para, para aliviar a... aliviar a pressão... Se eu conseguisse encontrar o bar certo, se eu estivesse pronto o bastante para o bar certo, se eu considerasse que essa seria a resposta.

ALICE   Espere aí...

JIMMY   Por favor. (*Por favor: deixe-me terminar*) Sabe, alguma coisa que nos mandasse esplêndidos, embriagados e cambaleantes para casa, sabe, em vez de... Puhhhh!... Pressão.

ALICE   Espere um segundo...

JIMMY   Ou alguma coisa, sim, certa, correta, Alice, que nos deixasse sóbrios para considerar a alternativa: começar novamente.

ALICE   Mas isso não é possível.

JIMMY   Não é possível você ter dezessete anos de novo, nem eu ter vinte e três, mas é possível... *É* possível... retroceder para ver se aquelas emoções, que eram autênticas então, podem ser redescobertas. Eu já comecei. Caso contrário, o quê? Suicídio? Isso é demais. Mas qual é o preço para continuar a viver a vida da gente, aceitando um mundo que é superficial, cínico, uma coisa falsa? A gente não deveria parar de aceitar a... maldade? Você mencionou a palavra vergonha há pouco. Concordo plenamente. Você sabe o que eu estive pensando? Estive pensando que tudo que fiz foi um erro. Eu me pergunto como isso se deu, este eu, este pecado falante, esta mentira ambulante. Nenhuma autenticidade. A pureza do que nós compartilhamos naquela época, em comparação, a candura deste interlúdio — ainda que breve — aqui nesta noite.

ALICE   Eu não sei se... (*Eu concordo...*)

JIMMY   Você, você ia... Alice!... Você ia dizer lá atrás: um céu claro, um céu noturno, o luar, você e eu juntos à beira do rio, e que eu vi alguma coisa. Bem, você está certa. Eu acho que sim: eu vi alguma coisa. Não estou falando aqui de aparições ou de qualquer desses absurdos. Eu *pressenti* a coisa, eu a *senti*. (*Para si mesmo*) Sabe...

ALICE   Jimmy...

JIMMY   Por favor. Por favor. (*Deixe-me terminar*) A gente não pode simplesmente continuar passando por esses períodos de vergonha e culpa.

ALICE   Eu não sinto...

JIMMY   Por favor. Por favor. Deixe-me terminar. Esses períodos de vergonha e culpa. Recriminações — brigas consigo mesmo, com os outros —, todas em sua própria cabeça. Raiva: descobrir que os amigos da gente são falsos, amigos da onça que — no meu caso — expressam admiração por mim e pelo meu trabalho, na minha frente, mas que, de verdade, me desprezam e querem ver minha humilhação.

ALICE   Sua família.

JIMMY   (*um gesto simples com a mão resolve esse assunto*) Colegas, felicitando-se com a ideia da fama. Vaidade — do garoto do chá para cima — desenfreada. E eu me preocupo com objetividade, com padrões. Na redação, por exemplo, eu me coloquei: "Vocês estão lendo as notícias ou consideram que estão fazendo as notícias?", Eu não quero ter mais nada a ver com este mundo em que estou trabalhando. Eu já comecei — eu te contei — em uma nova direção, um caminho de exploração interior que vai — tomara! tomara! — me levar de volta à autenticidade, que é você, e que você me permitiu compartilhar. Por favor. ("*Permita que ele termine*")

Você disse que achava que me contatando poderia ser importante. Bem... Por favor. Você disse — palavras exatas — que você "pressentia que entrando em contato novamente poderia ser, de algum modo, *muito* importante". É preciso que se diga como é muito importante para mim também? Perfeito.

ALICE   Onde está o táxi, Jimmy?

JIMMY   Na Praça. Eu disse ao motorista para fazer uma refeição no hotel.

ALICE   Eu vou com você até o táxi.

JIMMY   Não. Vamos manter isso entre nós. Eu vou embora, mas vou te encontrar aqui novamente... Amanhã à noite... Mesmo horário?... Acha que tudo bem... E retomaremos daqui, certo?

ALICE   Fique esta noite.

JIMMY   Ficar?

ALICE   No hotel. Eu gostaria que você conhecesse um amigo meu. (*Ela quer dizer um médico.*)

JIMMY   Não. Manteremos isso completamente em segredo até avançarmos com o plano. É, eu vou embora... Já vai ser meia-noite quando eu chegar lá... Um montão de coisas para começar a ver e empacotar. É.

ALICE   Jimmy.

JIMMY   (*novamente, para si mesmo*) É.

ALICE   Jimmy.

JIMMY   Alice.

ALICE   Eu concordo com você em... uma série de coisas, mas o que eu faço, a maior parte do tempo, é passar roupa, e estou entediada. O que faço, a maior parte do tempo, é me perguntar se eu seriamente não fui capaz de fazer mais do que produzir três crianças. Talvez a razão de eu continuar sonhando, em minha quase senilidade, seja para parar de pensar em quanto tempo eu tenho desperdiçado.

JIMMY   (*Você é*) Perfeição.

ALICE   Não, eu não sou perfeita, nem autêntica. Nunca fui, ninguém jamais foi. Não acredito que estou dizendo isso, mas eu acho que está na hora de dizer isso... *para mim mesma*... E colocar minha cabeça de volta no lugar e aceitar minhas... limitações. Jimmy, Jimmy, me escute! Como posso dizer isto? Eu sou uma dona de casa estúpida, ficando mais estúpida a cada dia ao lado de três filhos estúpidos, e tenho um marido extremamente estúpido. Alguma dessas coisas faz sentido para você?

JIMMY   (*Você*) não é estúpida.

ALICE   Jimmy! Jimmy! Você não está bem.

JIMMY   Não.

ALICE   Fábrica de carne, feira de gado, antigo gasômetro atrás daquele muro, Beco das Amoras. Não existem as amoras, mas este beco onde estamos é meio que um atalho de onde eu moro até a cidade, e vice-versa, obviamente; e obviamente eu uso bastante este atalho para ir até a cidade e para onde eu moro, de lá pra cá, de lá pra cá, nada muito excitante, e eu estava a caminho, vinte não sei quantos minutos atrás, de uma desprezível aula dinâmica de redação criativa de terça-feira à noite... "Embale cada palavra sua com TNT."[12] Eu acho que a mesma aula desprezível de redação criativa pode ter contribuído para que eu escrevesse aquela carta: lições de casa são encorajadas. Além do que você me contou que continha nela, eu realmente não consigo me lembrar do que escrevi, o quão dinamicamente me expressei, mas tenho certeza de que nunca pensei que você chegaria a lê-la: alguma secretária ou outra (*leria*). Menos ainda que você fosse aparecer por aqui! Caminhamos até a Praça? (*Ele não se mexe.*) *Alice*, eu sou *Alice*: "Vamos fazer de conta que somos reis e rainhas" é o meu lado avoado, estúpido, ridículo.

---

[12] Abreviação de trinitrotolueno, substância química usada na fabricação de explosivos, como a dinamite.

Eu tenho me perguntado por um longo tempo, essa fantasia nunca vai acabar, ou a fantasia, alguma vez, vai se tornar realidade? As *duas coisas* aconteceram esta noite. Tudo que eu vou buscar a partir de agora... Eu prometo... É a realidade. Vamos?

JIMMY   Você promete.

ALICE   Sim. Podemos (*ir*)?

JIMMY   Isso é fantástico.

ALICE   Humm?

JIMMY   Então você parou de fazer joguinhos consigo mesma. E comigo?

ALICE   Não.

JIMMY   É assim que você me considera?

ALICE   Vamos.

JIMMY   Posso te fazer uma pergunta...? "Posso te fazer uma pergunta" é muito para pedir depois de todas as dificuldades que eu passei para chegar até aqui e te ver?

ALICE   Não!

JIMMY   Você está se divertindo com a sua vitória?

ALICE   Que vitó...

JIMMY   Você vai querer as fotos?

ALICE   Não estou entendendo.

JIMMY   Evidências fotográficas. Quanto, até que ponto, você se diverte em fazer pouco-caso de mim?

ALICE   De modo algum. Eu nunca pensaria em...

JIMMY   "De modo algum eu nunca." E eu devo resignadamente aceitar a humilhação?

ALICE   Vamos, Jimmy.

JIMMY   Sem retaliação?

ALICE   Sinto muito se eu te machuquei.

JIMMY   *Se?* Você se dá conta de que, por causa da sua "fantasia", eu poderia te machucar agora? Eu poderia? (*Ele quer que ela repita a palavra*) Eu poderia?

ALICE   Você poderia.

JIMMY   E eu até que gostaria. Isso se ajustaria à sua busca a partir de agora por realidade? O medo das consequências não está me detendo. Eu poderia te matar agora mesmo? Eu poderia? Eu poderia?

ALICE   Você poderia, Jimmy, mas você não vai.

Depois de um momento, ele sai. Ela está abalada. Ela inspira silenciosa e profundamente e retém a respiração. Ela reage a alguém que se aproxima.

O calvário.

Ela se desloca para as sombras mais densas — é apenas um passo — outra vez, respira profundamente para se recompor. ENCAPOTADO chega com um homem. (O homem pode ser o marido de ALICE, sem que se faça qualquer alarde sobre isso.) Os olhos deles estão um pouquinho "desgovernados", vasculhando o lugar. ALICE surge das sombras. Ela os encara, com frieza. Então, pisca ostensivamente para si mesma e, enquanto sai, com uma imitação áspera do ENCAPOTADO:

Jesus, que jogo aquele! Boa noite para vocês!

No aeroporto

PERSONAGENS

    Alice

    Bill

    Garçonete

    Garçom

    Funcionário

TEMPO

    2005

Na escuridão, enquanto as luzes se acendem, uma voz em off, a de ALICE.

ALICE   (*voz em* off) Onde eu estou? Aconteceu alguma coisa? Por que estou aqui? O que estou fazendo aqui, que espécie de lugar é este?

Uma GARÇONETE *está colocando dois pratos de comida sobre uma mesa. Isso feito, ela vai para o seu posto, esperar lá, preparada, a bandeja enfiada embaixo do braço, pelo pedido de alguém. Ela é velha.*

Um GARÇOM *está conduzindo um casal de aparência séria até a mesa. Ele parece um tipo divertido — e se tornaria mais divertido se tivesse uma chance. Ele é velho e talvez antiquado. Uma gravata-borboleta.*

GARÇOM   Por aqui, com certeza, cavalheiro, madame. Tudo bem? Tudo bem?

ALICE   (*voz em off, mais ou menos contínua*) O que é este zunido? (*Sibilância. Como grama queimando.*)

O casal de aparência séria é BILL *e* ALICE. BILL *tem cinquenta e poucos anos, por aí;* ALICE *é um pouco mais jovem. Eles não se deixam levar pelo* GARÇOM, *assentem com a cabeça em reconhecimento a ele, sem encará-lo.*

GARÇOM   Madame? (*Puxando uma cadeira para ela*) Tudo bem?

ALICE   (*voz em off*) E isto é considerado música? (*Ela ri quatro sílabas ocas, sem graça*).

GARÇOM   Cavalheiro? (*Auxiliando* BILL *a se sentar.*)

ALICE   (*voz em off*) Música ambiente. E canções pop, canções de amor e árias para estimular o absurdo de tudo isso.

GARÇOM   Tudo bem, tudo bem, está tudo bem?

ALICE   (*voz em off*) O que está acontecendo? Alguma coisa aconteceu?

BILL   E dois copos de água.

GARÇOM   E dois copos de...

O que se passou acima é uma espécie de prelúdio para a peça propriamente dita. (*Pode ser alterado ou, na verdade, suprimido*).

Enquanto o GARÇOM *se afasta — movimento vagaroso dos pés o tempo todo —, uma sacudidela para trás de seu polegar, indicando a mesa, e a mímica correspondente com a outra mão bebendo de um copo: um pedido para a GARÇONETE. E ele sai (para abordar outros clientes).*

E a GARÇONETE entrou em ação, imediatamente, saindo para atender ao pedido. Movimento bastante rápido dos pés o tempo todo.

Um zumbido, uma sibilância (como a da grama queimando) paira sobre o lugar, misturando-se com o que parece ser música distante, indefinida. E talvez, talvez, haja algum tipo de efeito de iluminação irreal. (Pode ser, quem sabe, uma luz giratória, vinda de fora, banhando a luz interna).

De qualquer modo, é um pouco estranho. E vemos somente uma mesa. A estranheza (estilização) pode ser atribuída à ideia de que estamos nos deparando com este lugar através do estado mental peculiar de ALICE.

BILL está comendo e continua, quase o tempo todo, com a cabeça baixa, os movimentos dos talheres precisos. Há algumas ocasiões em que ele olha de relance para ela, em que considera se ela não estará percebendo isso. Ela, agora, está como alguém suspenso em um propósito esquecido (de, por exemplo, desembrulhar seu garfo e faca do guardanapo de papel colorido).

ALICE   Olhando para isso racionalmente, o pior aconteceu. O pior? Aconteceu? E é concebível que seu coração esteja se partindo. Não está? Porque se está, é suportável. Ainda mais lamentável... Ainda mais lamentável que isso não seja o que se acredita ser a reação padrão de um coração se partindo. Preferível que ele pudesse avançar com isso, se partir, concluir o serviço, que pudesse haver algum tipo de rachadura, talvez, então a rajada de ar gelado através da rachadura, talvez, que trouxesse entorpecimento. Sim. Ou que alguma espécie de nuvem, escuridão, pudesse baixar e tomar conta de tudo. Mas isso é improvável, isso é absurdo, isso é do jeito que é, isso é como vai, vai, continua, vai, monotonamente doendo, nenhuma cura para isso, lento, tedioso, cinza e, claro, suportável.

A GARÇONETE chega, a bandeja enfiada embaixo do braço, coloca dois copos de água sobre a mesa, faz uma pequena reverência enquanto se afasta, e retorna, silenciosamente, com bastante rapidez, para o seu posto, para aguardar os próximos pedidos. Nem ALICE, nem BILL olham para ela; embora cada um meneie a cabeça de um jeito automático, em reconhecimento ao serviço.

ALICE   Olhando para isso racionalmente, o pior aconteceu, aconteceu e, de verdade, o que há para se dizer sobre isso? Não muito. Aquela mulher ali me parece familiar. Ela uma vez não teve uma loja na...? De modo algum, isso é loucura. A mulher que uma vez foi dona da papelaria na Rua do Comércio teria, se ainda estivesse viva, cem anos de idade agora. (*Agitação repentina, muito pequena, como um meio desmaio*) O que está acontecendo, onde eu estou?

BILL   (*ansioso para dar assistência*) Alice?

ALICE   (*ainda em sua linha de raciocínio*) Por que eu estou aqui, o que estou fazendo aqui?

BILL   Alice?

ALICE   (*para ele*) Não. (*Querendo dizer "está tudo ok".*)

BILL   Eu sinto muito?

ALICE   Não! Ótimo! (*Ela se ocupa por um momento ou dois em desenrolar os talhares do guardanapo de papel vermelho*) Mesas coloridas, cadeiras coloridas, azulejos coloridos no chão, que espécie de lugar é este? Por que não tem balões também? Tantas cores, ainda assim sem cor, se elevaram do piso térreo em colunas de aço, chegaram por uma escada rolante. E este zumbido de vozes que paira lá embaixo, elevou-se, pairando no ar, estranhamente uniforme, como a poeira apanhada em um facho de luz, e a música lastimável. Uma melancolia no som, parando somente quando... (*O som de zumbido parou*) Como se a humanidade lá embaixo suspendesse a respiração para... boas notícias?

          Um anúncio de atraso de uma companhia aérea em um sistema de alto-falantes. (*O som é reconhecível, mais do que o conteúdo da mensagem.*)

Boas notícias, não, assim a humanidade lá embaixo guarda outro momento de silêncio, dessa vez por pena de si mesma... (*O som de zumbido recomeça*) Antes de se lembrar de iniciar novamente, a mesma coisa de antes, um atordoamento na cabeça. Que espécie de lugar...? Um lugar como em um pesadelo que está fingindo ser um sonho, onde uma festa ou, na verdade, um velório, jamais vai começar.

Ela toma um gole de água, limpa os lábios com o guardanapo e assiste o marido comer.

ALICE Ela olha para o outro lado da mesa, para o seu marido que está comendo uma... Quem olha para o outro lado da mesa? Ela olha para o outro lado da mesa. Quem? Ela, ela, dela, ela, esta mulher, eu, olha para o outro lado da mesa, para aquele homem, seu marido, que está comendo uma refeição de peixe com batatas fritas à maneira de alguém cumprindo um dever, e quem é ele, ela se pergunta. Ela sabe que ele é muito rico e ela, por associação, também é. Tanto dinheiro que eles não sabem o que fazer. Ela sabe que o nome dele é Bill. Ela também sabe que ele não quer, nem precisa de comida neste instante, mas uma coisa, uma vez começada, vai ser concluída, torna-se um dever, uma obrigação a ser cumprida. Possivelmente admirável, quem sabe, quem se importa? Mas é assim que este homem, seu marido, é. E quando ele tiver terminado aquela refeição à sua frente, ele vai, daquele jeito profissional dele de terminar as coisas, continuar terminando outras coisas. Bem, boa sorte para ele, se é assim que ele mantém o mundo à distância, ou mantém o mundo feliz, ou tenta, o que possivelmente torna o mundo admirável também, invejável também, quem sabe, quem se importa, possivelmente sim. Mas ele se vê como uma espécie de estoico. Os homens, muitos deles, são assim. Enquanto a emotividade, eles acreditam, você acreditaria nestes tempos de pós, pós-feminismo, a emotividade é o território das mulheres. As mulheres choram... Sim, e elas às vezes lamentam, uivam, gemem, guincham, grasnam, berram...! Quando uma coisa rompe, dá errado, e assim, de algum modo no processo, os homens acreditam, as mulheres se curam. Os homens não tiveram esta sorte. Isso faria uma pessoa sorrir, ou quase. Isso quase faria uma pessoa chorar.

Durante a fala acima, a GARÇONETE *se pôs em movimento novamente, em resposta a alguém solicitando seus serviços. Ela agora retornou e aguarda o próximo chamado.*

ALICE   De verdade, não faz sentido ficar empurrando um retângulo de peixe em torno do prato sob o pretexto de um acordo de talheres em ação dos dois lados da mesa, ou, de fato, tentar esconder de alguém esta comida intocada. Ele notou, claro, e ele não gosta de desperdícios, mas, esta noite, ele vai tolerar isso. E ele vai tolerar isso, em vista do que acabou de acontecer...

E porque ele não é um homem mau, claro. (*Ela está olhando em uma nova direção*) Um grupo de rapazes. Em trânsito de algum lugar. Qual a idade deles? Sim. E o mais jovem? Sim. Tão pálidos. Rapazes vindo de uma farra de um final de semana prolongado, agora sentindo o cansaço disso, querendo estar em casa.

O GARÇOM aparece brevemente — antes de andar a passos lentos mais uma vez em outra direção — para gesticular, com o polegar apontando para trás, para a garçonete atender uma mesa (o grupo de rapazes). E ela se põe em movimento; a bandeja enfiada embaixo do braço, o bloco de pedidos à mão, lápis (em um cordão), sai para tirar o pedido.

ALICE   Pouco mais do que garotos. Eles parecem sonolentos, as roupas erradas. Eles devem estar assando aqui com aquelas jaquetas pesadas. O único item errado no branco e preto formal (*ou "vestido formal"*) da garçonete é a meia-calça marrom. Uma imigrante? Não.

A GARÇONETE entra e sai para providenciar o que foi pedido. O GARÇOM entra, como se da mesa de outra pessoa, sorridente, o maxilar torto. Ele está fazendo sua ronda.

ALICE   Ele anda a passos lentos porque está no comando. A gravata-borboleta deve provar alguma coisa. "Tudo bem, tudo bem, está tudo bem?" Cada cliente é um amigo,

ele se torna (*super*) íntimo, se lhe derem permissão.
Tudo está bem.

O GARÇOM está à mesa.

GARÇOM   Tudo bem, tudo bem, está tudo bem?

ALICE ri suas quatro sílabas secas, ocas, sem graça. BILL levanta a cabeça, mas não olha para o GARÇOM.

GARÇOM   Cavalheiro?

BILL   Sim. (*E, do mesmo modo abrupto, volta a comer.*)

GARÇOM   Tudo bem? Madame?

ALICE   Obrigada.

Outra suspensão no som de zumbido para outro anúncio no sistema de alto-falantes, enquanto o GARÇOM se locomove, continuando sua ronda; enquanto a GARÇONETE entra para levar a bandeja de comida para a mesa dos rapazes, fora. (Ela vai retornar em alguns instantes, a bandeja enfiada embaixo do braço, para ir buscar complementos). Enquanto ALICE continua.

ALICE   Ele tem sido muito bom para ela nesses quase dois últimos dias, de uma maneira formal, claro. Não que sendo informalmente bom para ela tivesse sido melhor, seria? Não, não mesmo. Ao contrário, de modo algum. Ele tinha amparado o braço dela, bem, tocou seu cotovelo, entrando e saindo de táxis e, de novo, ainda que de fato fosse desnecessário, no necrotério do hospital. Os olhares que eles tinham trocado foram poucos, acidentes, eles dificilmente seriam classificados como olhares de relance: como se ele temesse que ela, ela, esta mulher, o sobrecarregasse ele desse a oportunidade a ela, era isso? (*Ela ri sua risada oca*) Lágrimas? Não. Vinte anos atrás, quem sabe... Vinte cinco, quem sabe, mas não agora, não mais, e uma boa coisa também. A vida agora está com ranhuras. A vida é inevitavelmente dura, cruel, egoísta, desagradável, sórdida, mesquinha. Ela é tediosamente sufocante e obstinadamente suportável. E a raça humana é vil. Bem, pense sobre isso, as pessoas estão matando as focas com... as unhas?

Ela está olhando na direção dos rapazes novamente. A GARÇONETE está levando a bandeja de coisas — complementos — para os rapazes. Ela vai retornar daqui a pouco para permanecer de pé em seu posto, para sair outra vez daqui a pouco ao chamado de alguém.

ALICE   Eles despertaram, mais ou menos. Famintos. Pessoas jovens... (*Um gole de água*). E houve um tempo em que ela costumava pensar que a vida era serena. Ou ela está sonhando coisas agora? (*E houve um tempo*) Quando a vida dela estava no sétimo céu, a "alma elevada", coisas desse tipo, suscetível a momentos de alegria desinteressada, coisas desse tipo, arrebatamentos. Momentos em que tudo fazia sentido. Um tempo, vinte cinco, não, trinta anos atrás, quando tudo parecia possível. E *era* possível...? Sonhar. Ela era uma grande sonhadora. Naquela época ela era uma boba para qualquer tipo de sugestão: sugestão não aceita um não como resposta. "Não adianta tentar", disse Alice, "a gente não pode acreditar em coisas impossíveis." "Você não está exercitando", disse a Rainha Branca.[13] (*Ri. Então, seu marido novamente*) Ele se importa com ela, de um jeito civilizado. Houve um período desagradável, cerca de dez anos atrás, mas ele está mais civilizado agora, e talvez ela também. Para ele, a relação deles é um dever. Ou ela está e tem estado interpretando isso errado? Para ela, isso é o quê? Neste momento, um hábito não muito bom. Há bastante tempo um silêncio tem aumentado entre eles, uma distância, oh, (*por*) uma coisa e outra, este motivo e aquele. Ela gosta dele. Nunca desgostou dele. E ela admite que contribuiu para essa situação. Mas ela não pode mudar sua personalidade, nem ele. E ela chegou a admirá-lo. Ele não inventou desculpas. Não deixou que nada se metesse em seu caminho. E quantas vezes ela achou que era injusto que ele não tivesse dado uma mão, por assim dizer, melhor do que a dela? Mas ela não admite, não concorda, não aceita a acusação de sua segunda filha, a especialista, a

---

[13] Referência à "White Queen", personagem do romance *Through the Looking-Glass and What Alice Found There* (*Através do espelho e o que Alice encontrou por lá*), de 1871, continuação do célebre *Alice's Adventures in Wonderland* (*Aventuras de Alice no País das Maravilhas*), de 1865, escritos pelo inglês Lewis Carroll (1832-1898).

erudita Karen-Marie, a advogada da lei — "Não despeje o seu fracasso em cima de nós, mamãe" — de que ela, a mãe, deixou todos eles dementes — "doidos" — a ponto de Sandra, a mais velha, ter que dar o fora, e agora, desapareceu por aí com os viajantes da Nova Era para espalhar merda, "merda, literalmente", ao redor do mundo — ótimo jargão jurídico —, porque é para isso que servem os viajantes da Nova Era. Que ela, Karen-Marie, a advogada da lei e neurótica, não quer ver nem falar com a mãe novamente, que o caçula, William — "seu queridinho, seu preferido" — logo, se é que já não faz isso, vai se sentir do mesmo jeito em relação a ela, e vai embora para se juntar ao circo, para ficar longe dela. "E!" Antes que encerrasse seu caso e começasse novamente, antes que saísse batendo a porta da frente atrás dela, "Você está tratando meu pai como um cachorro". (*Sua risada seca, oca. Então*) A ré pede para discordar. Os filhos não nascem para ficar aninhados para sempre, e até *o fim*, na casa da família. Aquilo que acontece com eles quando vão embora não vem ao caso aqui. E no que se refere aos cachorros e ao seu tratamento — isso, se alguém desejar saber —, pode também contentar esta corte saber, como prova do bom caráter da ré nesta questão, que foi ela quem acolheu os vira-latas, que foi ela, somente ela, quem tomou conta deles, e que a sucessão — com os nomes de Focinho, Estalo e Marilyn — foi considerada por todos aqueles que os conheceram como uma linhagem canina que verdadeiramente se deu muito bem. (*Na direção dos rapazes outra vez*) Eles quebraram alguma coisa: o loiro, o menorzinho, quebrou um copo, derrubou e quebrou um copo enquanto tentava tirar sua parca sem se levantar. Os outros quase nem notaram.

BILL   Gostaria de mais alguma coisa?

ALICE (*simultaneamente*) Mas o de gravata-borboleta sim. Ele (*BILL*) disse alguma coisa. (*Para ele*) Humm?

BILL   Gostaria de mais alguma coisa?

ALICE Ahmmm.

BILL   Não sabemos quanto tempo mais vamos ficar aqui.

ALICE Sim.

BILL   Uma taça de vinho?

ALICE Sim! O que ele disse?

BILL   Garçom!

ALICE Taça de vinho, sim, claro, taça de vinho, sim: esse foi um pensamento prático, alguma coisa para se fazer, para se ocupar, dadas as circunstâncias e, é verdade, eles não sabem quanto tempo mais terão que esperar. Ele é um homem muito reservado. Bem, ele não conseguiria ser outra coisa, conseguiria? Ele sabe disso. Mas sua reserva ocasionalmente escorrega. Ele é desagradável em público. Naquela manhã, festa de Ano-Novo na casa dos vizinhos, espantoso ouvi-lo — você poderia ouvi-lo por toda sala — declarar, em tons desafiadores, que sua maior aversão na vida era por pessoas mancas. Pessoas mancas. O que ele quis dizer? Que elas eram uma afronta ao seu próprio passo firme? Ele deve ter lido isso em algum lugar. E, provavelmente, interpretado mal. Então continuou a se superar — ele não conseguia parar — declarando, em tons desafiadores, suas outras grandes aversões por imperfeições humanas nos outros. Timidez e autoconsciência, em público, o levaram a esse tipo de coisa, mas que ele acreditava em seus comentários ofensivos, também era verdade.

GARÇOM (*chegando*) Tudo bem, tudo bem, está tudo bem?! (*Ele está sorridente, o maxilar torto, e está com as mãos estendidas, que contêm os cacos de um copo quebrado.*)

BILL Duas taças de vinho tinto.

GARÇOM (*estendendo novamente as mãos com os cacos*) O quê?! O quê?! Eles são mal-educados, o quê?!

BILL O vinho da casa está ótimo. (*E ele já voltou a comer ou a tomar um gole de água de seu copo.*)

GARÇOM (*para si mesmo*) Mal-educados.

ALICE Ele ficou ofendido.

GARÇOM   Stella!

ALICE   Eu acho que ele ingeriu bebida alcoólica.

A GARÇONETE, de algum lugar, vem para o lado dele para apanhar o copo quebrado das suas mãos; o pedido "Duas taças de tinto" é o sinal para seus pés — um assentimento de sua cabeça —, e ela sai novamente. O GARÇOM permanece lá, distraidamente, por um momento, se perguntando qual a melhor direção a tomar para arranjar companhia. A interrupção habitual no som de zumbido para outro anúncio.

GARÇOM   *(locomovendo-se)* Mal-educados.

ALICE   "Mal-educados". *(E sua risada oca, seca)* A última vez que ela e o marido tomaram uma taça de vinho juntos foi na noite anterior ao filho deles sair de casa. William. Ela tinha preparado uma torta de peixe porque era o prato que seu filho mais gostava. Não foi propriamente uma festa: mesmo assim... E considerando a quietude habitual da casa e a natureza habitual muito reservada do pai — os comentários dele sobre Polônio[14] foram legais, agradáveis — e considerando o tipo retraído que a mãe tinha se tornado — foi um acontecimento. Um acontecimento. Três pessoas tinham feito um esforço, e foram bem-sucedidas naquele esforço. E ela

---

[14] Referência ao personagem Polonius da tragédia *Hamlet*, escrita entre 1599 e 1601 por William Shakespeare (1564-1616).

espera que neste minuto, se estiver acontecendo neste minuto, que eles estejam manuseando o caixão gentilmente para fora do avião. Se é que isso importa, claro. Isso importa? Talvez sim. Talvez não, de verdade. Não.

A GARÇONETE está chegando, duas taças de vinho nas mãos, a bandeja enfiada embaixo do braço; ela tem que dobrar os joelhos para colocar o vinho sobre a mesa; na posição de joelhos dobrados, por um breve instante, ela mantém o olhar em ALICE; então faz uma reverência enquanto se afasta e retorna para ficar de pé à espera em seu posto.

ALICE (*enquanto a garçonete chega*) Por que ter uma bandeja se é para carregar as taças nas mãos? (*Ela meneia a cabeça em reconhecimento ao serviço, assim como* BILL.) Aquele olhar: uma mulher assustada com sua própria timidez, é isso, preocupação com um prato intocado de peixe com batatas fritas, é isso? Uma criatura que prefere correr a andar, é isso? Olhe, olhe, olhe, quem está interessado? Então, o William está morto. E a mãe dela também, em janeiro passado. E ela ficou triste com a "passagem" da mãe e triste, também, que sua mãe não era a mulher esperta que ela pensava ser. As causas que ela defendia eram ridículas, contradições de si mesma. Feminismo? Ela era mulher de um homem só, bajulava os homens, com exceção, claro, do próprio marido. Ele morreu em 14 de julho de 1978, vinte e sete anos atrás. Pelo menos ele tinha senso de humor.

"Música clássica e sua mãe, Alice? São superiores."
"Feministas? O chicote nas costas delas e do harém." Mas quando bebia, sem dizer uma palavra, ele poderia fixar você com os olhos, como se estivesse espetando um inseto em um quadro, como se você fosse o inimigo odiado. Houve um momento, no entanto, quando eles estavam para colocar a tampa no caixão, e ela teve esse impulso — pânico? — de se precipitar até eles, detê-los por um momento, para olhar para ele uma última vez e dizer... alguma coisa. Adeus? Sinto muito? Ela não fez nada disso, claro. Ela muitas vezes quis que ele morresse. (*Ela bebe um gole de vinho*) Morno, insípido, um seco barato, a vida tirada dele e, claro, bebível, suportável. Eles falam sobre o evento não natural de um filho morrer antes dos pais, mas, e quanto às safras de crianças, safras de jovens enviados para a guerra nunca retornam? Milhões. Milhões deles partem, *sorrindo*. Isso começa a colocar as coisas em perspectiva agora, não é? Ele escorregou, simples assim. Encostado em um muro, comendo um saco de batatas fritas, seus pés escaparam na frente dele, por debaixo dele, sua cabeça bateu na calçada. Ela não quer — real e verdadeiramente — detalhes adicionais. Não foi como se ele tivesse sido... chutado? Acidente simples, cheio de testemunhas, incluindo a garota que estava com ele naquela hora. Ela tem o relatório médico na bolsa, que pode olhar, em algum momento, se quiser. Há o relatório da polícia também, entregue em suas mãos por um policial, o conteúdo explicando tudo em linguagem

ponderada — e atenciosa, ela pôde ver. "Só por precaução", o policial disse. Só por precaução de quê? Eles iam querer processar a calçada? Um padre compareceu, porque eles eram irlandeses, para oferecer conforto, e ele fez o possível. Foi a vontade de Deus. Deus escolheu o seu William. Agora, para a mulher sentada aqui, se Deus é alguma coisa afinal, ele é como um Deus. Ele, Ela, Coisa, não pode ser explicado em termos de ser seletivo. Deus é o nome que se dá para o desconhecido. O desconhecido é possivelmente — e provavelmente — o nada. Não é uma grande linha em teologia dizer que Deus, o desconhecido, deseja, seleciona, escolhe isto ou aquilo, tanto quanto é razoável sugerir que ele não perde seu tempo contando os cabelos da nossa cabeça, a menos que, ou seja, claro, ele esteja, fora isso, empenhado em ser um voyeur onipresente e nojento. A menos que, claro, ele deseje, selecione e escolha os seus alvos, do William a terremotos, a um gato cruzando a rua, tsunamis e batidas de carro, e nesse caso ele é o Terrorista Todo-Poderoso. Não existe explicação para o que não pode ser explicado, conforto para o que não pode ser confortado. Inútil para os mortos, e não faz a menor diferença para a dor suportável dos vivos. Mas ela aceitou as explicações e as banalidades religiosas, em consideração às pessoas que as apresentaram. Talvez ela devesse ter perguntado detalhes à garota que estava com ele naquela hora, em consideração a ela... Eles tinham ido ao cinema...? Elaboração simbólica, apenas para ajudar a garota, porque ela era jovem e o susto do acidente ainda estava em seus olhos. Oh, bem...!

BILL   Alice? (*Ele está sorrindo.*)

ALICE   Mas, de verdade, o que ela queria dizer para todos eles era...

BILL   (*quer ocupá-la, distraí-la/distrair-se*) Eu estava vendo, no *The Times*,[15] no nosso voo de volta, e as coisas nos Estados Unidos estão melhorando muito... Alice?

ALICE   (*para ele*) Sim?

BILL   Então o que você acha disso no âmbito de uma administração republicana, e o seu presidente preferido de todos os tempos?

ALICE   (*para ele*) Humm? (*Então*) O que ela queria dizer para todos eles?

BILL   E que bom para o Bush![16] E parece que a recuperação é duradoura, autoimposição, e a criação de empregos está aumentando... Humm?

ALICE   Sim.

---

[15] Jornal nacional britânico, com sede em Londres, fundado em 1785 sob a denominação *The Daily Universal Register*. Seu nome atual foi adotado em 1788.
[16] Referência a George W. Bush, presidente dos Estados Unidos no período de 2001 a 2009.

BILL   Houve aquela retração no mercado de trabalho, de maio em diante, no ano passado... (ALICE *assente com a cabeça*) Mas que agora mudou, e como um sinal de tudo isso...

ALICE   Sim...

BILL   O Banco Central decidiu que já não precisa manter as taxas de juros no nível excepcionalmente baixo em que elas estavam até recentemente.

ALICE   *Oh*, sim...

BILL   O dólar continua a cair... Deixe que caia...

ALICE   O que ela queria dizer para todos eles era...

BILL   É assim que eles gostam...

ALICE   Coisas ocorrem não por causa das vontades de um poder divino.

BILL   (*desiste*) A deles, é uma economia fechada.

ALICE   Ou porque qualquer princípio as ordena, mas simplesmente porque é desse jeito que as coisas ocorrem, elas apenas acontecem. Coisas, acidentes, acontecem sem nenhuma razão aparente, nenhum propósito. Por que continuar com a lenga-lenga? Se as pessoas querem preencher seu tempo dizendo que existem condições, causas e razões supersticiosas para o que acontece com os seres humanos, então que tenham a gentileza de aplicar idênticas condições, causas e superstições para o que acontece com as plantas, os animais e — por que não? — as pedras. Essa ênfase contínua, em que se dá grande importância à vida humana sobre todo o resto, é absurda, é patética. O Sol — o Sol! — Galileu![17] Aquela coisa — livro — sobre ele na biblioteca! O Sol não brilha para a humanidade, tanto quanto ele não gira em torno da Terra, como eles quiseram uma vez. Lamentável. Se a humanidade é especial, é porque nenhuma outra espécie na Terra é capaz de competir com a crueldade humana.

A GARÇONETE, que esteve de pé em seu posto por algum tempo, sai novamente para prestar atendimento em algum setor. ALICE toma um gole de vinho e agora está olhando na direção da mesa dos rapazes.

ALICE   Eles estão tão pálidos. E não houve um tempo em que... Bem, até onde é possível se lembrar dessas coisas... Quando ela sentia que dentro dela havia alguma coisa misteriosa que ela pensava fosse ela mesma. Até onde ela consegue perceber, havia alguma coisa especial nela. Sentia isso, não pensava isso. E embora isso lhe desse uma sensação de isolamento, ela também confiava nisso. Tudo daria certo. Ela também, você acreditaria,

---

[17] Trata-se de Galileu Galilei (1564-1642), um matemático, físico, astrônomo e filósofo italiano, que fundamentou a Teoria Heliocêntrica e causou uma revolução na história da ciência.

era o mundo. O que ela estava dando a si mesma tinha um propósito — que poderia, iria superar qualquer coisa que se opusesse a ele —, um fim, que quando acontecesse, ela... entenderia? Não. Reconheceria. Reconheceria como a realidade misteriosa, linda e, sim, selvagem, de estar viva, partilhando humanidade... Bem! (*E ela ri sua risada oca*) É concebível que o pior tenha acontecido e a realidade disso deixe muito a desejar.

BILL   Eu deveria checar as coisas lá embaixo? (*Ela continua a rir. Ele está brincando com a taça de vinho*) Alice? Alice?

ALICE   Oh! (*E levanta sua taça*) Saúde!

BILL   Ah, não.

ALICE   Humm?

BILL   Eu vou checar com o Balcão de Informações lá embaixo e ver como as coisas estão progredindo.

ALICE   Oh, sim. (BILL *se retira*) Ele está indo checar o que foi que ele disse? Ela disse "Saúde"? Ela não poderia ter dito "Saúde", poderia? Por que ela diria isso? (*Veja*) Isso importa? Talvez tenha sido porque ela esteve segurando a haste da taça assim e... Isso importa?... Isso não importa. Ele disse que estava indo lá embaixo checar as coisas... lá embaixo.

GARÇOM (*chegando*) Tudo bem, tudo bem, está tudo bem? Terminaram, terminaram, nós vamos recolher, madame?

ALICE Obrigada. Deixe o vinho.

GARÇOM Stella!

> *Esta última fala para a* GARÇONETE *enquanto ele se locomove, a sacudidela para trás de seu polegar e o gesto/ mímica apropriado com a outra mão para a* GARÇONETE *limpar a mesa. A* GARÇONETE, *que neste momento está a caminho para levar uma bandeja de coisas para algum grupo, registra o pedido do* GARÇOM *com um meneio de cabeça e continua para fora.*

ALICE A garota de olhos assustados era legal. Nenhuma beleza, veja bem, mas muito legal. Uma mulher jovem. Ela os levou até o apartamento do filho deles e arrumou as coisas dele. Tudo feito em silêncio, mais ou menos. Não, em silêncio. Eles sentaram-se lá. Bem, o que havia para dizer? "A terra parou de girar?" "O dia virou noite?" Sapatilhas adequadas, vislumbres de sua barriga reunindo as coisas. Ela sabia onde estava tudo, estava familiarizada com o lugar. Dezenove, vinte anos? Mesmo de mulher pra mulher, hoje em dia é difícil dizer. Deveria ter perguntado se ela gostaria de ficar com alguma coisa, os livros, um gesto para a garota. Oh, bem, não faz mal, ela tem o nome dela e o endereço também, na bolsa, se ela, se ela... (*Ela perde o raciocínio*) Tanto faz.

A GARÇONETE *chegou para limpar a mesa, a bandeja enfiada embaixo do braço.*

GARÇONETE (*sussurra*) Senhora?

ALICE (*distraidamente*) Obrigada. Deixe o vinho. (*Ela está olhando na direção da mesa dos rapazes.* A GARÇONETE *dispõe os pratos/coisas uns em cima dos outros*) Eles se foram. Isto não os prendeu por muito tempo.

GARÇONETE (*outro sussurro*) Senhora? (*Ela escorregou para a cadeira de* BILL*; talvez esteja ainda carregando a bandeja; ela se inclina para a frente, de um jeito familiar, e sorri gentilmente*) Eu tenho que contar para alguém. Minha nora, uma mulher adorável, teve um bebê catorze meses atrás. Ela rejeitou o bebê, uma mulher adorável, ela não pôde evitar. Então meu marido e eu ficamos com o bebê e cuidamos dele por mais de um ano. Eu nunca desmereceria o filho de ninguém, mas aquele bebê era o melhor, nós amávamos aquele menino tanto quanto, se não mais do que qualquer um dos nossos próprios filhos. Mais do que as palavras podem dizer. Nós o devolvemos na quinta passada. Ela o matou dois dias atrás. Eu tinha que contar para alguém.

E ela se levanta, dois movimentos limpos, e enche a bandeja; sorri, faz a reverência habitual e sai.

Outra interrupção no som de zumbido para outro anúncio. ALICE *apenas fica sentada lá.*

BILL *retorna, acompanhado por um funcionário usando um uniforme do aeroporto/companhia aérea. O funcionário entrega um documento para BILL, que, a certa altura, irá assiná-lo e devolvê-lo ao funcionário.*

BILL   O... carro funerário e a limusine estão prontos na... na...

FUNCIONÁRIO   Na pista.

BILL   Então, então está tudo em ordem.

FUNCIONÁRIO   (*para* ALICE) Meus mais profundos pêsames. (*A mente de* ALICE *está em outro lugar*) Vocês poderiam, claro, ter esperado na sala VIP.

ALICE   Não.

FUNCIONÁRIO   Se quisessem, claro.

BILL   Obrigado.

FUNCIONÁRIO   Obrigado. Eu vou estar na minha mesa lá embaixo para acompanhá-los até a pista, assim que estiverem prontos. (*Ele sai.*)

BILL   Bem, nós estamos prontos, não é?

Ele apanha a conta, que está sobre a mesa, e tira sua carteira. Ele está prestes a chamar a GARÇONETE, *que retornou para o seu posto.*

ALICE   Não. Pague para ele.

Ela quer dizer o GARÇOM, que está em algum lugar ou está prestes a entrar. E BILL junta-se ao GARÇOM e sai com ele, para acertar a conta.

ALICE inspira um longo e silencioso "O". Talvez não seja silencioso. E talvez seja a sua primeira respiração satisfatória em um longo, longo tempo.

ALICE   E a mulher não sabe mais o que dizer, mas ela está chorando. Ela espera que seu filho amado e a garota legal com os olhos assustados tenham dormido juntos, que tenham sido afetuosos. Ela ama aquela garota. Ama o seu marido de todo o coração. E ela ama a garçonete, Stella, e apega-se a ela por um instante em solidariedade e gratidão por liberar essa força dentro dela.

Ela vai até a GARÇONETE. Elas pegam na mão uma da outra, então se abraçam por alguns instantes. E enquanto ALICE sai, a GARÇONETE também está saindo para atender alguém que a está solicitando.

CRONOLOGIA DA OBRA DE TOM MURPHY
(datas da primeira produção)

PEÇAS

1961	*A Whistle in the Dark*
1962	*On the Outside*
1968	*Famine*
1968	*The Orphans*
1969	*A Crucial Week in the Life of a Grocer's Assistant*
1971	*The Morning after Optimism*
1972	*The White House*
1974	*On the Inside*
1975	*The Sanctuary Lamp*
1976	*The J. Arthur Maginnis Story*
1980	*The Blue Macushla*
1983	*The Gigli Concert*
1985	*Conversations on a Homecoming*
1985	*Bailegangaire*
1985	*A Thief of a Christmas*
1989	*Too Late for Logic*
1991	*The Patriot Game*
1998	*The Wake*
2000	*The House*
2005	*Alice Trilogy*
2014	*Brigit*

ADAPTAÇÕES

    1974   *The Vicar of Wakefield*
    1979   *Epitaph under Ether*
    1981   *The Informer*
    1982   *She Stoops to Conquer*
    1995   *She Stoops to Folly*
    2003   *The Drunkard*
    2004   *The Cherry Orchard*
    2009   *The Last Days of a Reluctant Tyrant*

PEÇAS PARA TELEVISÃO

    1963   *The Fly Sham*
    1963   *Veronica*
    1967   *A Crucial Week in the Life of a Grocer's Assistant*
    1968   *Snakes and Reptiles*
    1970   *A Young Man in Trouble*
    1987   *Brigit*

ROMANCE

    1994   *The Seduction of Morality*

SOBRE A ORGANIZADORA

BEATRIZ KOPSCHITZ BASTOS é membro permanente do Programa de Pós-Graduação em Inglês da Universidade Federal de Santa Catarina. É mestre em Inglês pela Northwestern University (2000) e doutora em Estudos Linguísticos e Literários em Inglês pela Universidade de São Paulo (2003), com tese na área de teatro irlandês. Desenvolveu duas pesquisas de pós-doutorado na Universidade Federal de Santa Catarina, nas áreas de teatro (2006) e cinema irlandês (2015), com pesquisa complementar no Trinity College Dublin e no Irish Film Institute. Foi pesquisadora visitante no Moore Institute na National University of Ireland Galway (2017). É também produtora e diretora de literatura junto à Cia Ludens. Suas publicações, como coeditora e organizadora, incluem: *Ilha do Desterro 58: Contemporary Irish Theatre* (2010), com José Roberto O'Shea; a série bilíngue A Irlanda no cinema: roteiros e contextos críticos, com Lance Pettitt — *The Uncle Jack / O Tio Jack*, de John T. Davis (Humanitas, 2011), *The Woman Who Married Clark Gable / A mulher que se casou com Clark Gable*, de Thaddeus O'Sullivan (Humanitas, 2013), *The Road to God Knows Where / A Estrada para Deus sabe onde*, de Alan Gilsenan (EdUFSC, 2015) e *Maeve*, de Pat Murphy (EdUFSC, previsto para 2020); *Coleção Brian Friel* (Hedra, 2013) e *Coleção Tom Murphy* (Iluminuras, 2019); *Vidas irlandesas: O cinema de Alan Gilsenan em contexto* (Insular, 2019), com José Roberto O'Shea; *Ilha do Desterro 73.2: The Irish Theatrical Diaspora* (prevista para 2020), com Patrick Lonergan; e *Contemporary Irish Documentary Theatre* (Bloomsbury, 2020), com Shaun Richards. Foi curadora, com Domingos Nunez, dos quatro Ciclos de Leituras realizados pela Cia Ludens: *O teatro irlandês do século XX* (2004); "O teatro irlandês do século XXI: A geração pós-Beckett" (2006); "Bernard Shaw no século XXI" (2009) e "Cia Ludens e o teatro documentário irlandês" (2015).

SOBRE O TRADUTOR

DOMINGOS NUNEZ é dramaturgo, tradutor, crítico e diretor artístico da Cia Ludens. É graduado em Letras pela Universidade Federal de Santa Catarina (1988), mestre em Dramaturgia Portuguesa pela Universidade de São Paulo (1999), doutor em Estudos Linguísticos e Literários em Inglês pela Universidade de São Paulo e pela National University of Ireland (2005), com tese na área de teatro irlandês, e possui um pós-doutorado em Escrita Criativa pela Unesp/São José do Rio Preto (2017). Entre seus artigos, peças, traduções de peças e roteiros publicados em revistas especializadas e livros, destacam-se: *Quatro peças curtas de Bernard Shaw* (Musa, 2009); *Coleção Brian Friel* (Hedra, 2013); *Coleção Tom Murphy* (Iluminuras, 2019); os roteiros dos filmes *The Uncle Jack* (Humanitas, 2011), *The Woman Who Married Clark Gable* (Humanitas, 2013) e *Maeve* (EdUFSC; previsto para 2020); e a peça-documentário de sua autoria *The Two Deaths of Roger Casement*, no livro *Contemporary Irish Documentary Theatre* (Bloomsbury, previsto para 2020). Para a Cia Ludens dirigiu *Dançando em Lúnasa* (2004/2013), de Brian Friel; *Pedras nos bolsos* (2006), de Marie Jones;

Idiota no país dos absurdos (2008), de Bernard Shaw; *O Fantástico reparador de feridas* (2009), de Brian Friel; *Balangangueri, o lugar onde ninguém mais ri* (2011), adaptação de textos de Tom Murphy; e, de sua autoria, *As duas mortes de Roger Casement* (2016). Foi curador, com Beatriz Kopschitz Bastos, coordenador e diretor das diversas peças que integraram os quatro Ciclos de Leituras realizados pela Cia Ludens. Em 2013 recebeu a indicação ao prêmio especial da APCA pelos dez anos dedicados ao teatro irlandês, e em 2014 a indicação ao Prêmio Jabuti pela tradução das quatro peças que compõem a *Coleção Brian Friel*.

Este livro foi publicado com o apoio de Literature Ireland

**CADASTRO
ILUMINURAS**

Para receber informações sobre nossos lançamentos e promoções envie e-mail para:

cadastro@iluminuras.com.br

Este livro foi composto em Scala pela *Iluminuras*, e terminou de ser impresso em 2019 nas oficinas da *Meta Gráfica*, em São Paulo, SP, em off-white 80 gramas.